우리들
마음에
빛이
있다면

우리들
마음에
빛이
있다면

빛을 간직한 사람,
호모 룩스

박장혜 지음

odos

호모 룩스, 사랑의 빛을 향하여

인간의 학명은 호모 속 사피엔스 종입니다. '호모 사피엔스'는 생각이 깊고 슬기롭고 현명한 인간이라는 뜻이지요. 이 '호모' 속의 뒤 종 이름을 창의적으로 붙인 몇몇 이름들이 있습니다.

'호모 루덴스'를 붙이면 '유희하는 인간'이 됩니다. 네덜란드 문화사학자인 요한 하위징아가 1938년에 제창한 개념입니다. 인간의 본질을 유희라고 정의한 것이지요. 최근에는 이 말에서 파생된 신조어가 생겨났습니다. 바깥보다 집에서 놀고 휴식하는 사람들을 가리며 '홈 루덴스'라고 일컫지요. 2009년 제러미 리프킨의 '공감의 시대'라는 책에서 나온 '호모 엠파티쿠스'도 있습니다. 공감하는 인간이라는 뜻입니다. 그는 21세기가 인간의 공감 본능이 이끌어 가는 '공감의 시대'가 될 것으로 보았습니다. 과도하고 과몰입된 경쟁 시대에 절실한 것이 바로 '공감'인 것입니다. 2016년 생물학자 최재천은 '호모 심비우스'라고 했습니다. '심비우스(Symbious)'는 생물학적 용어로 '공생'을 말합니다. 호모 심비우스는 다른 생물들과 공존하기를 염원하며, 지구촌 모든 이들과 함께 평화롭게 살기를 원하는 인간이라는 의미를 담고 있습니다. 2017년에 유발 하라리는 '호모 데우스'라고 새롭게 명명했습니다. 데우스(Deus)는 '신(God)'이란 뜻이니, 이 말은 신이 된 인간이라고 할 수 있겠지요. 인간이 인류의 재앙, 전쟁, 역병을 진압하고 신의 영역인 불멸, 신성까지 해낼 수 있다고 보는 것입니다. 즉, 인류가 신한테서 구원을 찾기보다 사회 안에서 해결책을 찾고 과학과 이성의 힘으로 위기를 극복한다는 것에 창안하여 명명한 것입니다. 호모 데우스는 찬란한 바벨탑인 셈입니다. 이에 전면적 대응으로 '데우스 호모(인간이 되신 하나님)'라는 책이 최준식이라는 기독교학자에 의해 발간되기도 했습니다.

이제 다른 얘기를 해보고자 합니다. 인간 영혼의 핵심은 '빛'입니다. 이 빛은 외따로 존재하지 않습니다. 우주의 에너지, 신과 합일을 이루고 있습니다. 망각하고 있거나 부인하는 이한테도 이 '빛'은 존재합니다. 빛은 살아있는 실체이고, 생명의 원동력입니다. 성경의 고린도전서 13장의 말씀대로입니다. 지금은 어렴풋이 알지만, 육체의 지배를 벗어나서는 온전히 알게 되겠지요. '빛'의 속성은 '사랑'이고, 그 영향력은 '긍정 에너지'입니다. '빛'은 라틴어로 '룩스(Lux)'라고 합니다. 그래서 사랑의 빛을 가진 치유의 인간을 '호모 룩스'라고 할 수 있습니다.

제가 '호모 룩스'라는 말을 쓴 것은 2021년 1월 13일자 '새전북신문' 칼럼을 통해서입니다. 모든 인간은 '마음의 빛'을 지닌 채 영혼의 성장을 목적에 두고 이 세상에 태어났습니다. 오쇼 라즈니쉬에 의하면 신, 삶, 진리, 사랑은 한 뿌리에서 나온 네 가지 이름입니다. 이 모든 것은 '사랑'으로 의미를 갖습니다. 철학자 레비나스도 이를 '빛'이라고 표현했지요. '호모 룩스'는 신과 연결된 사랑으로 치유의 에너지를 지닌 인간을 말합니다. 빛은 절대 사라지지 않습니다. 많이 아플수록 빛은 은폐되어 있을 뿐입니다. 다만, 빛이 있다고 인식하고 가려진 것을 들춰내면 됩니다. '호모 룩스'는 치유가 절실한 현시대에 가장 적합한 명명일 것입니다.

여기, 호모 룩스를 위한 문이 있습니다. 문을 열고 들어서면 세상과 연관된 이야기들과 만날 수 있습니다. 한꺼번에 모든 문을 열 수도 있겠지요. 그렇게 하고 나서라도 한숨 돌리면서 한 번씩 다시 문을 열어 보는 것은 어떨까요? 이곳에는 나뭇잎에 머물다 온 초록 햇살이 있습니다. 그윽하고 맛있는 차도 있습니다. 하늘을 마음껏 날고 있는 구름이 보이는 잘 닦인 창문도 있습니다. 원하는 만큼 머물다가 가슴과 등을 어루만져주는 기운을 충분히 느낄 때, 서서히 일어나 보셔도 좋겠습니다. 문을 열고 나설 때마다, 또 다른 문이 열릴 때마다 찬란한 빛이 함께 합니다. 그 빛이 삶의 발걸음을 산뜻하고 가볍게 이끌어 줍니다. 이렇게 우리가 함께 이어지듯이, 마지막 문은 다시 처음으로 이어져 있습니다.

2022년 7월
박정혜

목차

프롤로그 • 호모 룩스, 사랑의 빛을 향하여　　6

1/61 • 나우이즈굿　　15

2/61 • 루돌프의 지혜　　19

3/61 • 어느 강의　　22

4/62 • 성배는 어디에?　　25

5/61 • 빛의 후예　　28

6/61 • 사라센의 칼, 칼의 변주곡　　31

7/61 • 마음 운동　　33

8/61 • 성공의 절대값　　37

9/61 • 아름다운 눈　　40

10/61 • 영화 '기생충' 속 상징　　43

11/61 • 비판적 성찰, 영혼의 울림　　47

12/61 • 부모교육　　51

13/61 • 죽음에 대한 연구　　55

14/61 • 적자 인생, 흑자 인생　　59

15/61 • 노인의 특권에 대하여　　62

16/61 • 꽃보다 사람　　65

17/61 • 현대인의 병, 경계성 인격장애   68

18/61 • '호모 룩스'로서의 인간   74

19/61 • 절대 부끄러운 것   77

20/61 • 기적을 꿈꾸며   80

21/61 • 노매드랜드의 길   84

22/61 • 삶의 신비   88

23/61 • 스마트한 삶   91

24/61 • 시간과 나이   95

25/61 • 지금은 꿈을 꿀 때   99

26/61 • 생애 꼭 해야 할 말   103

27/61 • 경계에 관하여   106

28/61 • 슬기로운 장마 극복   109

29/61 • 꽃보다 아름다운 인간   112

30/61 • 트라우마   115

31/61 • 통 비워내기   119

32/61 • 통합과 영성   122

33/61 • 스키마 뒤엎기   126

34/61 • 빛나는 노화   130

35/61 · 알짜배기 삶   134

36/61 · 날마다 태어나는 삶   137

37/61 · 축복받는 삶   141

38/61 · 가면   144

39/61 · 특별한 기회   148

40/61 · 내 안의 답   151

41/61 · 죽음은 착각   154

42/61 · 삶은 삶는 것   158

43/61 · 바닥 치기   161

44/61 · 직면의 힘   164

45/61 · 까발 콘서트   167

46/61 · 마음의 빛   171

47/61 · '취하라'와 '즐기라'   175

48/61 · 판단과 공감   179

49/61 · 마음의 눈동자   183

50/61 · 사랑의 빛   187

51/61 · 행복 이야기   191

52/61 · 삶과 죽음   194

53/61 · 천국에만 있는 게 아닌 천국 199

54/61 · 영화 '위트니스'의 종 203

55/61 · 지상주의에 관하여 206

56/61 · 신나게 사는 것 210

57/61 · 성격검사 유감 213

58/61 · 씨가 되는 말 216

59/61 · 매스에 대하여 220

60/61 · 성공이란 223

61/61 · 마음의 문 227

에필로그 · 새로운 마지막 231

나우이즈굿

한 해의 처음이다. 이때 즈음, 하는 것이 있다. 마지막 날을 생각해본다. 이번 해는 어떤 삶이었을까. 올해가 내게 알려주는 것은 무엇이었을까. 첫 달에 마지막 날이라니. 이상하다고 할지 모르겠지만, 삶의 향방을 가르는데 이보다 더 절묘할 수는 없다. 알고 보면 삶은 우로보로스[1]다. 자신의 꼬리를 먹으며 자라는 우로보로스가 그리는 원은 신성하다고 알려져 있다. 이 순환이야말로 매몰된 시간을 일으켜 세워 섭리로 채우게 한다.

내가 하는 방식은 이러하다. 올해의 마지막 날, 어떤 한 해가 되었는지 떠올린다. 살아보지 않은 날들을 떠올리는 것은 직관과 상상에 의해서다. 그때의 내가 지금 현재의 나에게 말을 거는 것이다. 그렇게 한해의 첫발을 내딛는 나에게 메시지

---

1 우로보로스(Uroborus): 꼬리를 삼키는 자, 뱀 또는 용이 자신의 꼬리를 물고 삼키는 모양으로 무한대를 의미하기도 하며 그리스 신화와 중세 연금술에 등장하기도 한다.

를 보내는 것이다. 그것이 어떻게 살아야 할지 지표가 되게 한다. 범위를 넓히면, 생의 마지막 날을 떠올릴 수 있다. 언제가 될지 모르는 그 순간으로 가 본다. 역시 직관과 상상력을 동원해야 하지만, 하나 더 있다. 영혼의 존재를 자각하는 것이다. 가치관에 따라서는 육체와 영혼이 함께 사라진다고 볼 것이다. 원래 보이지 않은 존재인 영혼이 육체가 소멸했다고 같이 없어진다는 것은 이치에 어긋난다. 영혼은 보이지 않는 세계로 가기 마련이다. 생애 마지막 날은 영혼이 그에 맞는 차원으로 가는 날이다. 본향으로 돌아가는 멋진 순간이기도 하다. 그때, 영혼만이 남아서 생애를 돌아보며 무엇이라고 하게 될까? 온갖 감각으로 채웠던 육체를 버리고 가는 순간, 영혼이 가지고 가는 것은 무엇일까? 18세기 스웨덴의 과학자 스베덴보리는 사망 전까지 37년간 영계를 다녀온 것으로 유명하다. 그의 체험에 의하면, 사랑이 생명이다. 오직 사랑만이 남는다. 게다가 현재의 삶이 사후세계를 결정짓게 된다. 그 판단 기준은 '사랑'에 있다.

암으로 시한부 인생을 선고받은 열일곱 소녀가 있다. 이혼한 아버지와 함께 살아간다. 하고 싶은 일을 하기로 마음먹지만, 사실 진정으로 하고 싶은 것이 없다. 가득한 분노를 일탈로 표출할 뿐이다. 옆집에는 교통사고로 사망한 아버지를 떠나보내고 어머니와 함께 사는 소년이 있다. 죽음에 대한 충격으로 두문불출하고 있다. 대학에 합격했으나 보류 중이다. 소녀는 사람들은 병에 걸리면 용감할 거라고 하지만 아니라고, 늘 살인마한테 쫓기고 있는 기분이라고 한다. 그 솔직한 감정을 소년은 있는 그대로 받아 준다. 소년이 정식 데이트를 신청하면서 괜찮을 때 알려달라고 한다. 소녀는 '지금이 좋아!'라고 한다. 예쁜 옷을 갈아입으며 데이트를 준비하던 소녀는 갑자기 코피를 쏟으며 쓰러진다. 소년은 소녀가 입원해있는 동안 보이는 건물마다 소녀의 이름을 적는다. 소녀는 삶은 계속된다는 말을 남겼고, 소년은 그 말에 힘입어 학교에 등록한다. 점차 의식과 기력을 잃어가면서 소녀는 평온 안으로 들어간다. 그 곁에 소년도 있다.

영화 '나우이즈굿'은 그 제목처럼 이렇게 알려준다. 지금이 좋아! 이 말을 한 해의 마지막, 삶의 마지막 순간에 이른 내가 이 순간의 나에게 들려주고 있다. 지금이 그것을 할 때야! 바로 지금이 딱 좋은 기회야. 지금을 놓치지 마!

마음의빛 1 지금, 현재, 이 순간과 실존

철학자 마르틴 하이데거는 "시간의 흐름 속에서 언젠가는 죽음에 이르게 된다는 것을 자각하고 자신의 죽음을 직시할 때 비로소 본래적인 실존을 찾을 수 있다."고 했다. 마지막을 향한 불안을 받아들일수록 '지금, 현재, 이 순간'이 환하고 아름다울 수 있다. 그럴 때 주어진 삶의 매 순간이 축제라는 사실을 느끼게 된다. 살아간다는 것은 하늘이 내린 축제의 향연을 제대로 즐기는 것이다.

루돌프의 지혜

새해가 되었다. 새로운 뜻을 세울 때다. 지금, 현재의 삶이 바닥이라면? 절대적으로 삶의 의미를 잃었을 때, 극단적인 선택을 하기 쉽다. 최근의 보도에 희망을 걸 수도 있을까? 최근 코로나19 블루에도 불구하고 자살은 감소했다. 행정안전부의 2021년 발표에 의하면, 35세 이상 전 연령층 자살률이 평균 9.4%나 줄어들었다.

이에 비해 20대와 10대 자살률은 전년도보다 증가했다. 20대는 12.8%, 10대는 9.4%다. 일 년 만에 미래세대들의 자살률이 10%나 늘어난 것을 어떻게 해석해야 할까. 교육과 양육의 실패라고 단언할 수밖에 없다. 자살을 꿈꾸는 아이들은 '그냥'이라고 말한다. 한마디로 말할 수 없는 다양한 감정의 지배를 받고 있기 때문이다. 자살전문가들은 한결같이 입을 모은다. 코로나가 잠잠해진 뒤 경제와 사회적 여건이 개선되지 않는다면, 극단적 선택이 늘어날 것이라고. 지금을 폭풍 전야와 같다고 보는 것이다. 이제 자살은 '예방' 차원이 아니라 적극적 '대책'을 위한 프로그램 마련이 시급하다.

지난 성탄절에 한 번쯤 들어봤을 사슴 이야기를 떠올려보자. 그 사슴은 불붙는 코를 갖고 있어서 다른 사슴들이 놀릴 정도였다. 사슴은 결국 외톨이가 되었다. 누구도 말을 걸어주거나 이해해주지 않았다. 그러다가 놀랄만한 일이 일어난다. 성탄절에 산타가 와서 말해주었다. 네 코가 밝으니 썰매를 끌어달라고. 그 후로 사슴의 평가는 급격하게 변한다. 따돌리던 다른 사슴들이 그를 매우 사랑하게 된 것이다. 이제 루돌프는 산타와 함께 영원히 기억되고 있다. 이 노래는 왕따 극복담이다. 외톨이가 된 사슴이 자신의 처지를 비관했다는 말이 없다. 자신의 코를 성형하지도 않았다. 이 사슴은 신데렐라가 아니다. 로또에 당첨된 것도 아니다. 산타가 나타나서 돈을 준 것도 아니다. 다만, 목적에 따라 임무를 부여했을 뿐이다. 게다가 중요한 것은 따로 있다. 루돌프는 가엾어 보였지만, 그것은 겉모습일 뿐이다. 일단, 루돌프는 죽지 않았다. 주어진 삶을 살아내고 있었다. 자신의 코를 쥐어뜯지도 않았다. 세상을 원망하거나 저주하지도 않았다. 아무도 알아주지 않았지만, 이미 주위를 밝히고 있었다. 그러다가 마침내 산타를 만난 것이다. 외모, 학벌, 돈으로부터 왕따 당한 경험이 있는가? 그것으로 인해 외톨

이가 된 적이 있는가? 루돌프의 지혜는 단순하다. 일단, 살아
내는 것. 고유한 탁월성을 지닌 채 기다리는 것. 세상을 거꾸
로 왕따시키지 않는 것. 그 무엇보다 자기 자신을 온전히 사랑
하는 것.

　산타는 안갯속에서 등장한다. 아직, 앞이 보이지 않는 안개
로 답답한 나날들이다. 무턱대고 희망을 갖는 것이 바보 같겠
지만, 아니다. 내공을 가다듬으면서 기다리다 보면, 하늘의 뜻
과 만나게 된다. 이것이 '자살'을 '살자'로 전환하는 지혜다.

마음의빛2 **자존감과 사랑**

자신감이 자신을 스스로 믿는 마음과 느낌이라면, 자존심은
자신을 높이는 마음을 의미하며, 자존감은 자신을 가치 있고
긍정적으로 받아들이는 것이다. 자존심이 자신을 높일 수 있
는 타인의 태도를 중시한다면, 자존감은 자신의 내면에서 긍
정 에너지를 발견하는 것이다. 자존감이 잘 형성되면 저절로
자신감이 충만하게 되며, 타인과 세상도 귀하게 여기게 된
다. 자존감은 곧 자신을 사랑하는 것이다. 그 사랑은 자연스
럽게 주위를 환하게 한다.

어느 강의

빠른 길이 있지만, 부러 에둘러 갔다. 땅 위의 풍광들은 저마다의 사연을 간직한 채 지탱하고 있었다. 사위를 휘휘 저어대며 바람은 수천 개의 손가락으로 구름을 매만지고 있었다. 켜 놓았던 라디오에서 별안간 낯익은 노래가 들려왔다. 노오란 샤쓰 입은 말 없는 그 사람이… 아버지의 18번이었다.

특강 요청이 왔을 때, 담당 교도관이 친절하게 알려준 사실이 있었다. 인성 교육생 서른 명, 미성년자와 성소수자 포함. 교육 6일째 되는 날. 그런 사실보다 중요한 것은 우리는 모두 인성을 가진 존재라는 점이다. 다만, 자신도 모르게 가려져 있을 뿐. 여섯 개의 원탁에 둥글게 모여 앉은 여자 수형자들은 자못 진지했다. 장황한 소개를 생략하고 바로 본론으로 들어갔다. 강의 주제는 '마음의 빛을 찾아서'이고, 이렇게 정한 이유를 먼저 밝혔다. 마음에 과연 빛이 있다고 여겨지는지, 어둠이 가득하다고 생각하지는 않은지 물음을 던졌다. 가슴이 새까 맣게 타서 재밖에 없다는 말을 평생 들으면서 살아온 내 이야 기를 꺼냈다. 같이 살고 있는, 올해 88세 된 엄마는 평생 그 말을 해왔다. 예전에 나는 정말 그런 줄 알고 있었다. 수백 번도 더 자살을 생각했던 내 과거를 고백했다. 한번 발동이 걸리면 서너 시간은 기본으로 욕을 해대고, 온몸에 멍이 들도록 때리던 엄마를 결코 용서할 수 없었다. 내게 있어 엄마는 미움과 갈등의 아이콘이었다. 불쾌한 감정을 비롯해서 안 되는 모든 일들은 죄다 엄마 탓이었다. 내 삶은 꼬일 대로 꼬였다. 결국 엄청난 빚을 떠안은 채 거리로 나앉을 지경에 이르렀다. 그 즈음 해서 새벽 예배를 다녔는데, 하루는 기도를 마치고 들어서니 엄마는 먼저 교회를 다녀와서 밥을 안치고 있었다. 순간, 엄청난 변화가 일어났다. 엄마는 그대로인데 갑자기 엄마가 사랑스럽게 여겨진 것이다. 그 감정을 어떻게 말로 표현할 수 있을까. 그냥 그렇게 있는 그대로 엄마를 사랑하게 된 것이다. 현관에 선 채로 불렀다. 뜨악하게 쳐다보는 엄마한테 고백했다. "엄마, 사랑해요." 다가오면서 엄마가 말했다. "네가 나를 다 사랑하나?⋯⋯. 나도 사랑한다." 우리는 부둥켜안고 울었다. 서른 초반 때의 일이다. 휘몰아치던 방황은 서서히 종지부를 찍기 시작했다. 그런 말들을 털어놓았다. 퀴블러 로스가 밝힌 죽음을 앞둔 사람의 심리 변화 단계를 설명하다가 23살 때 돌아

23

가신 아버지의 예를 들면서 울기까지 했다. 그 당시 나는 간호대를 다니고 있었다. 위암 말기에 이르러 소화력이 극도로 저하된 아버지. 링거를 놓기 위해 돈을 주고 사람을 불러야 했던 때, 집안 형편이 말이 아니었다. 되든 안 되든 시도라도 해볼걸, 나는 아예 못한다고 도리질을 쳤다. 아버지한테 제대로 잘해드린 기억이 없다.

강사가 초반부터 울기만 하니, 강의가 형편없을 지경이었다. 이곳저곳에서 교육생들이 휴지를 건네주었다. 강의를 마친 뒤, 암 선고를 받았다는 수형자한테 다가가서 안아주었다. 나오려는데 몇몇 분들이 뭔가를 쥐여주었다. 알사탕, 귤, 과자. 나는 건강하게 잘 지내시라고 인사를 건넸다. 교육장을 벗어나기 위해 줄을 서며 수형자들이 눈꽃처럼 웃었다.

마음의빛3 **자기 개방**

자기 개방이란 진행자가 삶의 경험을 진솔하게 노출하는 것을 의미한다. 그렇게 하는 이유는 참여자가 자신의 내면을 들여다볼 수 있도록 자극하기 위해서이다. 자기 개방은 자랑스러운 일을 말하는 것이 아니다. 대부분 부끄럽거나 아팠던 일, 힘들었던 삶을 있는 그대로 드러내면서 공감과 동감을 통해 '극복'의 힘을 함께 일궈내는 데 의의가 있다.

성배는 어디에?

　중세시대 유럽에서 전해오는 파르시팔² 전설이 있다. 성배의 비밀을 간직하고 있던 어부왕이 별안간 온몸이 마비되었다. 희한하게도 고통은 왕만이 받은 것이 아니었다. 왕 주변을 이루는 궁전과 탑, 정원의 모든 것들이 폐허가 되어갔다. 동물은 번식하지 않고 나무는 열매 맺지 못했으며, 샘은 고갈되었다. 많은 의사들이 어부왕을 치료하려고 했으나 허사였다. 기사들은 그저 밤낮없이 찾아와서 왕의 용태를 물어보며 허울 좋게 예의를 차리곤 했다.

　어느 날, 파르시팔이라는 가난하고 우스꽝스럽게 보이는 한 기사가 찾아왔다. 그는 예법을 어기는 무식한 자로 보였다, 그는 곧장 왕에게로 나아가서 다짜고짜 질문했다. "성배는 어

---

2 파르시팔(Parsifal): 중세 유럽의 아서왕 전설에서, 성배(聖杯)를 찾아 나선 기사를 말한다. 중세 이래 그를 주제로 한 예술 작품이 많이 만들어졌다.

디 있습니까?" 그 순간 모든 것이 변화했다. 왕은 병석을 떨치고 일어났고, 샘물은 다시 흐르기 시작하고 초목은 다시 살아나고 성은 예전의 위엄을 되찾았다. 파르시팔의 한마디가 자연 전체를 소생시켰다. 파르시팔의 질문은 어부왕을 비롯하여 온 우주의 핵심 원리를 담고 있다. 성배, 즉, 진실과 성스러움, 생명의 중심과 근원의 힘이 어디에 있느냐는 것이다. 파르시팔 이전에는 어느 누구도 이 핵심을 건드릴 엄두도 내지 않았다. 형이상학적인 상상력의 결여, 신에 대한 무관심, 보이는 것에만 치중하며 보이지 않는 세계에 대한 무지로 인해 세상은 병들고 멸망해 갔던 것이다. 논어의 이인편에는 공자가 한 "아침에 도를 들을 수 있다면 저녁에 죽어도 좋다."라는 말이 나온다. 주자는 "도라는 것은 사물의 당연한 이치다. 만일 그것을 들을 수 있다면, 살아서는 이치에 순하고 죽어도 여한이 없을 것이다."라고 하였다. 이 모든 말이 하나다.

어수선한 세상이다. 첨단 과학기술 시대에 등장한 바이러스는 아직도 기세등등하다. 언제 어디에서 죽음이 똬리를 틀고 있을지 도무지 알 수가 없는 노릇이다. 세태 속에서 버텨내는 것은 기실 두렵고 고단하다. 지금, 이 시대를 살아가는 누구나 가시밭길을 가고 있다. 살기에 급급하다고 해서 오래 살 수 있는 것도 아니다. 이럴수록 놓치지 않아야 하는 것이 있다. 바로, 진리를 향한 순수한 열정이다. 이는 영혼을 고양하는 것과 맥락이 같다. 모든 성배전설의 결론이 그러하듯 진리는 멀리 있지 않다. 다시 말해 신은 먼 곳에 외따로 존재하는 것이 아니다.

인간에게는 영성이 있다. 진정한 자기 초월을 향하는 역동성, 고귀하고 높고 선한 것을 추구하는 삶의 실제, 삶의 본질이 영성이다. 도나 성배는 인간이 영성을 추구할 때 비로소 주어지는 것이다. 지금은 더할 나위 없이 영성이 필요한 시기이다. 온몸의 마비를 경험하는 어부왕이 생각보다 너무 많이 존재하기 때문이다.

마음의 빛 4 영성

영성(靈性)은 사전적 의미로는 신령한 품성이나 성질이다. 신령(神靈)은 신기하고 영묘한 것을 말한다. 그 영성이 인간에게 있다는 것은 인간은 작은 우주이며, 신과 연결되어 있다는 것을 의미한다. 이 영성을 자주 느끼고, 상상하고, 깨닫고, 생각할 때 영성은 깨어나게 될 것이다. 영성을 아예 자각하지 못하는 것을 영맹(靈盲)이라고 하며, 영성에 눈을 뜨는 것을 영해(靈解)라고 할 수 있을 것이다. 영해자가 될 때, 삶의 매 순간이 신비롭고 빛나고 아름다울 것이다. 우주의 에너지가, 신이 함께한다는 사실을 실체로 경험하기 때문이다.

빛의 후예

죽음. 이 금기의 말을 함부로 발설하는 것은 위험하다. 무섭고 두렵기 때문이다. 팬데믹 현상이 확연한 이때, 더욱 그러하다. 이 금단의 영역을 깨고 나온 영화가 있다. '내가 죽던 날', 2020년 11월에 개봉한 이 영화는 태풍 라파가 휘몰아치던 날, 자살한 여고생 세진의 이야기부터 시작한다.

세진은 중요 증인으로 법적 보호를 받고 있다. 부당하게 돈을 벌다가 마침내 자살한 아빠, 이혼하고 외국으로 간 뒤 소식을 두절한 친모, 마약사범으로 옥중에 있는 오빠, 친하게 지냈지만 아무런 보호를 해주지 못하는 새엄마. 유일하게 마음을 기댔지만, 갑자기 소식을 끊어버린 담당 경찰. 모든 것이 암담하기 이를 데 없다. 최종 보고서를 쓰기 위해 조사하던 경찰 현수는 자살로 귀결짓고 돌아서면 될 처지다. 현수는 이혼 조정 중이다. 변호사인 남편한테는 십 년째 만나오던 임신한 여자가 있다. 왜 몰랐을까. 왜 몰랐는지에 대해 계속 반문한다. 문득, CCTV에 녹화된 세진의 표정이 자신과 닮았다는 것을 본다. 그것은 속고 속이는 삶에 대한 환멸이다. 원한으로 화가 치밀어 오를 것 같지만 그렇지도 않다. 울분은 안에서 터져 자폭할 지경이다. 머리를 아무리 써도 답이 없다. 영화의 반전은 오로지 '순천댁'으로 인해서 일어난다. 순천댁은 과거, 농약으로 자살 기도를 해서 목소리를 잃었다. 어린 나이에 전신 마비가 된 조카를 건사하고 있다. "아빠와 오빠가 나쁜 짓을 많이 해서 내가 벌 받았나 봐요. 아무것도 안 남았어요."라고 말하는 세진한테 서툰 글자로 이렇게 쓴다. "니가 남었다." 그리고 세진의 탈출을 돕는다.

현수는 "아무도 없어. 내가 여러 명 만나봤거든. 그 애 그렇게 죽을 애가 아니다, 라고 말해줄 그 한 명이 없어."라며 허탈하게 말한다. 그러다가 보고서가 만료된 어느 날, 우연히 발견한다. 세진의 첫 유서 뒷장에 남긴 순천댁의 글자. '밥두 묵고 약도 잘 묵으라.'

우리는 '카인의 후예'일지도 모른다. '어둠의 자식'이고 심지어 '나쁜 피'일지도 모른다. 파울루 코엘료의 소설 '베로니카 죽기로 결심하다'의 서문에는 성경의 누가복음 10장 19절 말씀이 적혀 있다. "이제, 내가 너희에게 발로 뱀을 밟을 권능을 주

29

었노니 그 무엇도 너희를 해할 수 없으리라." 그리하여 오로지 신의 은총에 의해 우리는 빛, 호모 룩스(Homo Lux)다. 태어난 것도, 죽는 것도, 그사이에 살아가는 지금 현재도 모두 빛이다. 그것을 알아차리는 것만큼 신의 권능이 나타난다. 영화 속, 세진은 가는 곳마다 야광별을 붙여 놓는다. 어둠이 깊어질수록 별은 더욱더 빛난다.

마음의 빛 5 호모 룩스

호모 룩스(Homo Lux)는 '빛의 존재인 인간'이라는 뜻을 담은 인간에 대한 호칭이다. 인간이 외따로 존재하는 것이 아니라 우주의 에너지 또는 신과 연결되어 있다는 사실을 '빛'이라고 상상해보면 쉽게 이해할 수 있다. 빛은 곧 '영성'의 또 다른 이름이고, 인간이 '호모 룩스'임을 알아차리는 것만으로도 '영해자'가 될 수 있다.

사라센의 칼, 칼의 변주곡

직면은 아프다. 하지만 어쩌겠는가. 존 카밧진[3]의 말처럼 일어나는 정서적 고통을 있는 그대로 들여다보지 않으면 치유는 일어나지 않는다. 개인뿐 아니라 사회도 그러하다. 구석진 곳에서 자행되는 것을 바라볼 용기가 필요하다. 영화 '사라센의 칼[4]'은 은폐한 문고리를 벗겨낸다.

영화가 시작하면, 컨테이너 건물을 주먹으로 치는 반장이 등장한다. 그곳은 공장에서 일하는 윤아의 숙소다. 욕망의 마수는 끈질기게 확장하며 점점 수위를 높여간다. 유리공장의 사장은 건실한 기독교 신자처럼 보인다. 같은 교회 소속의 은지를 경리로 두고 임금을 함부로 착복한다. 사장이 유린하는 또 다른 대상은 외국인 근로자 알란이다. 사장과 반장이 결탁

---

3 존 카밧진(Jon Kabat-Zinn): 본명은 존 카밧(Jon Kabat). 1944년 미국 출생. 미국 메사추세츠대학교 의과대학 명예교수. 마음챙김에 관한 불교의 가르침과 스트레스 감소 및 완화 프로그램(the Stress Reduction and Relaxation Program)을 개발하였다.
4 사라센의 칼(Sword of Sarasen): 2021년에 개봉한 임재영 감독의 한국 영화.

한 욕망은 공장의 헤게모니[5]를 이룬다. 평범한 근로자 두 명은 이들이 시키는 대로 행할 뿐이다. 밟아라 하면 밟고, 못 들은 척하라고 하면 그렇게 한다. 알란은 제때 임금을 받지 못하고, 폭언과 폭행을 당하기 일쑤다. 사장의 탐욕은 멈추지 않는다. 그것을 막는 과정에서 알란은 칼에 맞아 죽고 만다.

'칼'은 영화 속에서 여러 변주를 거친다. 인트로에서 눈보라가 휘몰아치는 사막, 낙타, 소녀 그리고 칼이 등장한다. 그 직전에 나타나는 자막 하나. '유목민들은 사막으로 향하기 전 길을 잃지 않기 위해 새끼 낙타를 어미 낙타 앞에서 무참히 살해한다고 한다.' 그다음 칼은 분노에 휩싸인 윤아가 미군을 찌르고, 미군이 다시 윤아를 찌르려다가 막아선 엄마의 얼굴을 그어버린 칼로 등장한다. 칼을 높이 쳐들고 엄마는 윤아를 대신해서 자수한다. 한편, 알란은 칼을 이용해서 고국의 요리를 만들어 윤아한테 대접한다. 윤아의 생일날 알란이 선물한 것이 바로 '사라센의 칼'이다. 앞으로 윤아를 지켜줄 거라는 말을 하지만, 결국 그 칼에 찔려서 죽고 만다. 알란이 피살되고 나서 윤아는 공장을 나온다. 언덕바지로 올라서면서 마음속 장면이 펼쳐진다. 낡은 베틀에서 천을 짜는 엄마, 엄마를 올려다보던 어린 자신. 무명천이 가득 널려있는 빨랫줄. 그 아래에서 윤아는 춤사위를 하듯 칼과 함께 있다. 마지막에 등장한 칼은 사라

---

5 헤게모니(Hegemony): 주도권, 패권을 뜻하는 독일어 헤게모니에(Hegemonie)의 영어식 표현. 한 집단, 국가, 문화가 다른 집단, 국가, 문화를 지배하는 것을 가르킨다.

센의 칼이 아니다. 손잡이가 천으로 친친 동여매어 있다. 손아귀가 아리도록 단단히 쓸 작정이다. 햇발이 칼날에 부딪혀 광채를 뿜어내고 있다. 그리고 이어지는 아웃트로. '크나큰 슬픔을 가진 어미 낙타는 아무리 먼 길을 가도 새끼 낙타를 그리워하며 찾아오기 때문이다.'

스스로 새끼 낙타가 되어 죽은 알란이 있다. 이제 우리가 어미 낙타가 될 법하지 않은가? 씨줄 날줄을 잘 드리워서 반듯한 베를 짜듯, 우리 사회는 부디 성숙해야 하지 않겠는가? 영화는 잠든 양심을 아프도록 강하게 때린다.

마음의 빛6 **직면**

직면은 피하지 않고 마주 대하는 것이다. 상처가 많을수록 직접 당하고 접하는 것이 어렵기 마련이다. 심리적으로 나약할 때도 그렇다. 어느 정도 힘이 있어야 직면이 가능하지만, 직면을 통해 힘이 길러질 수도 있다. 허들 경기에서 허들을 보지 않고 경기를 할 수 없듯이 직면 없이 상처를 극복할 수는 없다. 제대로 직면했다면 지독하게 아프지만, 아픈 만큼 성장하게 된다.

마음 운동

운동이 필요한 시대다. 국제당뇨병연맹에 따르면, 코로나19 이후 당뇨병 환자 수가 16% 증가했다. 이렇게 폭증한 이유는 무엇일까. 보고에 의하면, 앉아 있는 시간이 늘어났고 꾸준한 신체활동을 중단했기 때문이다. 전문가들은 수시로 자리에서 일어나기, 식후 산책하기 등을 통해 생활 속에서 활동량 늘이기를 권유하고 있다.

어디 신체활동뿐인가. 현대인들은 마음의 과부하에 걸려 있다. 이를 단편적으로 드러내는 것이 바로 자살률이다. 우리나라 자살률은 경제협력개발기구(OECD) 회원국 중 1위이며, 평균의 2배 이상 높은 수치다. 특히 십 대에서 삼십 대 사망 원인 1위를 차지한다. 지난달 15일에 금융연구원이 이례적으로 자살 문제를 분석했다. 송민기 연구위원은 자살로 인해 대규모 인구의 영구적 인적자본 손실이 발생하면, 경제 복원력이 손상된다고 보았다. 그는 코로나19 사태에서 국민을 지켜낸 국가만이 경제 복원력을 잃지 않고 지속 가능한 사회로 나아갈 수 있다고 했다. 지금 이대로의 방식으로는 곤란하다. 정부는 적극적인 자살 대책 방안을 마련해야 한다. 자살사고와 의식을 전환하는 획기적인 프로그램 또한 시급하다. 철학자 니체의 말에 의하면, 왜 살아야 하는지 아는 사람은 그 어떤 어려움도 이겨낼 수 있다. 삶의 의미를 제대로 가질 수 있다면 자살하지 않는다. 의미를 일깨우기 위한 마음 운동을 일상 속에서 어떻게 실천할 수 있을까? 다음 세 가지 방법을 제시하고자 한다.

첫째, 매 순간 죽고, 매 순간 태어나고 있다는 사실을 알아차리자. 일분일초가 그러하다. 애쓰지 않아도 육체가 사라지는 순간이 온다. 자연스럽게 죽을 수 있다면, 자연스럽게 살 수도 있다. 삶은 억지를 내지 않을수록 아름답다. 어쩔 수 없는 것을 받아들이되, 할 수 있는 것에는 마음을 다하는 것이다. 이 힘은 나한테서 시작해서 우주와 공명을 이루게 된다. 둘째, 하루에 한 번씩 감사 거리를 찾는 것이다. 도저히 감사가 나오지 않는다면, 살아있다는 것 자체에 감사하자. 숨 쉬고 있는 동안 영혼 성장의 가능성이 주어지기 때문이다. 재화가 아니라 영혼의 성장이 진정한 삶의 목적이다. 더구나 부정적인 상황에서도 감사하면, 경이로운 극복의 순간이 반드시 다가온다. 셋째, 아침에 눈을 뜰 때, 밤에 자기 전에 무조건 감사하자. 그저 감사하다고 외치면서 잠들고 일어나라. 충만한 사랑의 에너지를 생생하게 느낄 것이다.

　모든 운동은 습관 들이기가 힘들다. 한번 자리 잡으면, 삶의 구심력이 되어 에너지가 원활하게 흐르게 된다. 몸이든 마음이든 그렇다. 마음은 보이지가 않으니 대개는 행할 궁리조차 하지 않는다. 지금은 그 무엇보다 마음 운동이 절실하다. 사실, 마음에 모든 문제의 해결이 존재한다.

<u>마음의 빛7</u> 마음 운동

신체 운동처럼 '마음 운동'은 꾸준히, 규칙적으로 해야만 효과적이다. 마음 운동을 충동적으로 하거나 하지 않는다면 그 효과를 기대하기 어렵다. 평소에 제대로 마음 운동을 했다면, 부정적인 상황에서 마음 건강을 회복하는 '회복 탄력성'이 뛰어나게 된다. 그럴 때, 합리적이고 건강하게 문제를 헤쳐 나가는 획기적인 효과를 누리게 될 것이다.

성공의 절대값

성공학은 학문이 아니다. 사전을 찾아보면 엄연히 존재하는 말이긴 하다. 학문이 아닌데도 버젓하게 '학'자를 붙인다. 하도 성공을 추구하다 보니 학문처럼 연구하게 되어서 쓰는 말이다. 사실, 말하기 쉬운 게 성공이다. 아침형 인간이 성공하는가 하면, 저녁형 인간이 성공한다. 메모하는 습관이 성공의 비결이라고 하는 한편, 그저 기억력으로 승부를 내라는 말이 있다. 웃는 것이 건강 성공이라고 하는가 하면, 울어야 한다는 말도 있다. 마시멜로를 참고 나중에 먹어야 훌륭해진다는 말이 있는가 하면, 참지 않고 폴라로이드 카메라를 충분히 즐길 때 창의성이 더 높게 나타난다는 실험도 있다. 어느 장단에 춤을 춰야 할까.

하나는 확실하다. 성공의 정의가 잘못되었다는 것. 성공을 그토록 갈구하지만, 정작 성공이 무엇인지 물어보면, 대부분

답하지 못한다. 보편적으로 하는 답은 원하는 일을 이루는 것! 도대체 원하는 것은 무엇이냐는 질문에는 대개 진학이나 직업을 말한다. 원하는 것을 하지 못하면 어떻게 되느냐는 질문에는 뜨악해진 눈으로 이렇게 답하기 마련이다. 아, 그건 실패죠. 이러한 단순한 논리에 의하면, 우리의 삶은 늘 실패다. 원하는 진로대로 안될 확률이 높기 때문이다. 보는 눈은 있지만, 속할 수는 없는 상황들이 파다하다. 탐나는 곳의 경쟁률은 치열하고 산 넘어 산이다. 누구나 성공을 원하지만, 정작은 잡을 수 없는 무지개가 되고 만다. 이쯤에서 자신에게 물어보라. 나는 과연 성공했는가? 성공을 향해 가고 있는가? 이 물음에 제대로 답이 나오지 않는다면, 잘못 산 것이 아니다. 제대로 성공을 모른 탓이다. 성공은 한마디로 하자면, '역경의 극복'이다. 이 정의에 뒷받침되는 연구가 조지 베일런트 연구이다. 하버드 대학생 268명의 인생을 72년간 추적하여 조사해보니 고난에 대처하는 자세가 행복, 즉 삶의 성공에서 가장 중요한 조건이라는 것이다. 2020년 노벨문학상 수상자로 선정된 미국 출신 시인 루이즈 엘리자베스 글릭은 섭식 장애와 신경성 식욕부진 증상을 가지고 있었다. 불안정한 심리상태로 살아왔던 그녀는 자신의 글에 거친 호흡과 걸쭉한 목소리를 그대로 드러냈다. 청소년기에 앓았던 그 병을 그녀는 "내 인생의 가장 위대한 경험 중 하나"라고 하였다. 이 말은 바그너의 오페라 '파르지팔'의 다음 대사를 기억나게 한다. "네가 이 창으로 준 상처는 이 창으로 낫게 될 것이며 너의 이 거짓스러운 호화는 통곡이 울리는 폐허가 되리라!"

그리하여 성공은 이런 것이다. 나를 찌른 창이 나를 구한다. 이것이 바로 극복의 절대값이다. 글릭의 시 '눈풀꽃(snowdrops)'의 마지막 구절을 읊조려본다. "나는 지금 두려운가. 그렇다. 하지만 당신과 함께 다시 외친다. 좋아, 기쁨에 모험을 걸자. 새로운 세상의 살을 에는 바람 속에서."

마음의 빛 8 성공

19세기 미국 시인 랠프 월도 에머슨의 '무엇이 성공인가'라는 시는 다음과 같다. "자주 그리고 많이 웃는 것. 현명한 사람들에게 칭송받고 아이들의 애정을 얻는 것. 정직한 비평가에게 찬사를 듣고 잘못된 친구의 배신을 인내하는 것. 아름다운 것에 감사할 줄 알고 남에게서 가장 좋은 장점을 발견하는 것. 한 뼘의 정원을 가꾸든지, 사회 환경을 개선하든지, 조금이라도 더 나은 세상을 만들고 떠나는 것. 한때 이 땅에 살았다는 것으로 인해 단 한 사람이라도 살기 수월했다는 것을 깨닫는 것. 이것이 진정한 성공이다." '성공은 역경의 극복이다'라는 정의가 삶의 각 장면 속속들이 녹아있는 시이다.

아름다운 눈

설 명절도 지났다. 기어이 한 살을 더 먹었다. 감회를 묻는 다면, 손사래 칠 것인가? 어릴 때야 나이 먹는 게 즐겁지, 늙어서 나이는 서러울 뿐이라는 말에 동의하시는가? 어쨌거나 시간은 아무 잘못이 없다. 절대적으로 공평한 것이 물리적 시간이다. 거꾸로 돌릴 수 없으니 다만 앞으로 나아갈 뿐이다.

나잇값은 고사하고 갈수록 아집만 늘어가기 일쑤다. 인간이 얼마나 완강하게 버티냐면, 죽어서도 그러하다. 끔찍하게 죽인 두 명의 아이들이 있다. 자신도 자살했지만, 죽었다는 사실조차 부인한다. 생전에 살았던 집을 사념으로 완벽하게 떠올리고 그 안에서 두 아이와 살아간다. 그러다가 벌어지는 환경에 의해 처한 상황을 알아차린다. 이미 죽었다는 사실을 순간 깨닫지만, 그것도 사정없이 왜곡시키고 만다. 입을 막으니 아이들이 그만 죽어버렸고, 신의 은총으로 이렇게 다시 살아났다고 믿는다. 그다음 순간 더욱 자신을 철통 수비한다. 우리는 죽지 않았어! 이 집은 우리 집이야! 이 말을 아이들한테 복창하게 한다. 영화 '디 아더스'의 결말이다.

'알아차림'과 '깨달음'은 동격이다. 알아차림은 자기 자신을 살필 힘을 가지는 것을 의미한다. 그것은 마음 안의 마음, 생각 속의 생각이다. 내면의 정중앙에서 나를 바라보는 것이다. 마음의 흐름을 포착하는 것은 어려운 일이 아닌데도 쉽지 않다. 이 말의 모순은 실천과 훈습으로 인해서다. 직접 해보고, 자주 하면 '성찰'이라는 훌륭한 골짜기가 새겨진다. 그곳에서 삶의 풍성한 물줄기가 흘러서 바다로 향하게 된다. 사유를 사유할 수 있는 유일한 존재가 인간이다. 그로 인해 인간은 독특한 존재론적 인식이 가능하다. 그것이 '깨달음'으로 이어진다. 정신의학자 데이비드 호킨스가 밝힌 의식 에너지의 최고 수준이 바로 '깨달음'이다. 여기에는 '영성'의 강력한 작용이 존재한다. 빛이 주변을 비추듯이 깨달음의 끝개 에너지장에서는 인류에게 영향을 줄 수밖에 없다. 깨달음이 가능한 것은 인간이 영적인 존재이기 때문이다. 과학자이자 신학자인 테야르 드 샤르댕 신부는 이런 말을 했다. "우리는 영적인 체험을 하는 인간이 아니라, 인간 체험을 하고 있는 영적인 존재이다."

어떻게 하면 알아차릴 수 있을까? 일상에서 어떻게 실천할 수 있을까? 지금, 당장, 이 순간에 내가 어떤 생각과 느낌, 감정을 가지고 있는지 그냥 바라보고 언어로 표현하면 된다. 형용할 수 없다면 그렇다고 말하면 된다, 굳이 겉으로 표현하지 않고 속으로 말해도 된다. "내가 지금 울고 싶구나.", "내가 지금 무척 화가 나고 있구나.", "욕이 튀어나올 정도구나"라고 있는 그대로 나를 바라보는 것이다. 단, 자신을 방어하지 말고 진솔하게! 무엇이든 습관이 되려면 자꾸 해봐야 한다. 해보면, 놀라운 변화가 일어날 것이다. 부정의 안개가 걷히고 오롯한 평강이 스며드는 것을 알게 될 것이다. 지혜는 자기 자신을 아는 것에서 시작된다고 했던 소크라테스의 말대로 삶의 지혜가 떠오를 것이다. 그러니, 한 살 더 잡수신 당신을 너그럽게 바라보는 내면의 아름다운 눈을 기억하자.

마음의 빛 9 **알아차림**

알아차림을 영어로는 'mindfullness'라고 한다. 글자 그대로를 짚어보자면, 충만한(fullness) 마음(mind)을 말한다. 경우에 따라서는 '명상'의 의미로도 쓰인다. 무엇으로 충만할까? 삶은 새롭게, 전혀 살아보지 못한 매 순간으로 이루어져 있다. 놀랍고 기쁘고 신비롭다. 내가 가진 생명은 우연을 가장한 필연이다. 그것만으로도 차오르는 충만을 간직할 수 있다.

영화 '기생충' 속 상징

기생충이 신종 코로나 바이러스를 물리쳤다. 연일 촉각을 곤두세우던 소식이 기생충에 집중하게 된 것이다. 영화 '기생충'은 2020년 9일 제92회 미국 아카데미 시상식에서 작품, 감독, 각본, 국제영화상까지 4관왕을 차지했다. 무엇보다 자랑스러운 것은 우리나라 말이 전 세계에 전파되었다는 사실이다.

영화가 성공하자 영화 속 구체적 장면들이 큰 반향을 일으키고 있다. 기정이 미술 가정교사 자리를 노리며 초인종을 누르기 직전에 부른 노래의 리듬은 '독도는 우리땅'이다. 단 6초에 불과한 이 노래가 최근 해외 인터넷을 강타한 유명 '밈(Meme·유머 콘텐츠)'이 되기도 했다. 영화 속에 나오는 헨델의 오페라 '로델린다[6]'의 '나의 사랑하는 이여(Mio caro bene)'도

---

6 로델린다(Rodelinda): 1725년에 게오르크 프리드리히 헨델이 작곡한 오페라. 로델린다는 롬바르디아 왕국의 왕비다. 오페라의 내용은 사랑, 배신, 모반, 용서, 정절로 이어지다가 해피엔딩이 된다. '나의 사랑하는 이여'는 작품번호 19번인 오페라 '로델린다'의 제3막 아리아로, 롬바르디아 왕국의 왕비인 로델린다가 감옥에 갇혀 죽은 줄 알았던 남편을 재회하며 부르는 기쁨의 노래다.

회자되고 있다. 이 노래는 전쟁이 일어나고 있는 지하와 극단적 대비를 이루며 지상에서 울려 퍼지는 노래다. '짜파구리' 요리법은 유튜브에서 11개 언어로 소개되고 있다. 영화의 60%를 촬영했다는 전주영화종합촬영소도 화제다. 너도나도 축제 분위기다. 영화는 상업 유통의 메카[7]가 된 지 오래다. 이 영화가 휩쓴 상의 소용돌이에 갇혀 정작 영화가 주는 메시지를 놓치고 있다. 작년에 개봉되었을 당시 찬반이 엇갈렸다. 누군가는 자녀들을 데리고 보지 못할 영화라고까지 했다. 무엇이 우리를 불편하게 했을까. 영화는 등장인물 기우가 말했듯이 몇 가지 '상징'으로 읽힌다. 대표적인 상징이 '돌', '물', '냄새'다. 기우의 친구 민혁은 수석을 선물한다. 재운을 가져다줄 이 돌이 자꾸 자신한테 달라붙는다고 기우가 말한다. 결국 수석은 숨어 살던 근세가 기우를 내리치는 도구로 사용하고 만다. 냄새는 역겹고 경멸스러움을 상징한다. 가족이라는 사실을 숨길 수 없게 한다. 아무리 해도 빠지지 않는 가난의 냄새다. 자신만 살려고 도망가려는 박사장한테 기택이 칼을 꽂게 되는 순간도 바로 냄새 때문이다. 그가 죽어가는 사람에게 나는 피비린내에 코를 잡으며 차 열쇠만 손에 잡으려 했을 때, 충동적으로 사건이 저질러진 것이다. 물은 영화 곳곳에서 등장한다. 반지하 집 창문 위에 방뇨하는 자에게 끼얹는 물바가지, 범람한 물로

7 메카(Mecca): 사우디아라비아 서부에 있는 도시로 이슬람의 창시자 무함마드의 출생지이며, 이슬람의 성지이다. 또는 어떤 분야의 중심이 되어 사람들의 동경·숭배의 대상이 되는 곳을 일컬을 때 흔히 사용한다.

인해 침수당해 엉망인 집, 쏟아지는 비에도 안전한 아이의 미제텐트. 한편, 기우의 아버지 기택은 홍수로 인한 대피소에서 아들에게 말한다. "절대 실패하지 않는 계획이 뭔지 아니? 노 프랜. 계획대로 하면 반드시 계획대로 안 되거든. 계획이 없으니까 안될 일도 없고 사람을 죽이건 나라를 팔아먹건 다 상관없다 이 말이지. 알겠어?" 아이러니하게도 기우는 지하로 숨은 아버지한테 이제 획기적인 계획을 세웠다고 말한다. 오로지 돈을 버는 계획, 그리하여 햇살 좋은 그 집을 사는 계획. 영화 속 정교한 페이크(Fake, 가짜) 바로크 음악처럼 우리는 그 계획이 가짜라는 것을 짐작한다.

영화의 첫 장면과 마지막 장면의 오브제는 같다. 선풍기 덮개에 궁색하게 매달린 양말이다. 우리는 어디를 향해 맨발을 내디딜 것인가. 지하에 갇힌 인간성이 모스 부호[8]로 구조 요청을 해오고 있다. 이 영화는 물신주의에 매몰된 우리의 이성에 찬물을 와락 끼얹고 있다.

---

8 모스 부호(Morse code): 도트(점)와 대시(선)의 조합으로 구성된 메시지 전달용 부호. 미국인 모르스(새뮤얼 모스. Samuel Finley Breese Morse. 1791~1872)에 의해 고안되어 널리 사용하였다.

마음의 빛 10 **물신주의와 인간성**

물신주의는 인간이 상품이나 화폐 따위의 생산물을 숭배하는 현상을 일컫는다. '물신 숭배'라고도 한다. 인간은 물건이 아니고 자연의 일부이기에 물신주의가 팽배할수록 병들어갈 수밖에 없다. 즉, 물신주의는 인간성을 파괴하는 주범이다. 보이는 것 위주에만 가치를 둘 때 물신주의가 횡행하게 된다. 반면 마음, 정신, 영혼 같은 보이지 않는 것을 귀하게 여길 때 인간성은 고양된다.

비판적 성찰, 영혼의 울림

갓 출소한 남자. 중년 초입에 이른 나이. 버젓한 직장을 구하기란 요원한 지경. 수년 전 남자가 저지른 일에 대해 알고 있는 작은 마을. 이쯤 되면 스티그마 효과가 단단히 깔린 셈이다. 스티그마는 빨갛게 달군 인두를 가축의 몸에 찍어 소유권을 표시하는 낙인을 일컫는다. 심리학 용어로는 낙인이 찍히면 부정적 인식으로 인해 결국 부정성이 증가하게 되는 것을 말한다.

영화 팔머(Palmer)의 주인공의 눈동자는 모래 먼지를 가득 담고 있다. 수가 틀리면 언제 폭력이 튀어나올지 위태롭기만 하다. 남자의 생모는 5살 때 가출하고, 부친은 고교 시절 세상을 떠났다. 유일한 혈육인 할머니의 집에서 기거한다. 할머니의 권유로 교회를 나간 인연으로 초등학교 잡역부로 취직한다. 할머니 집 뜰 안, 트레일러에 거처하는 떠돌이 여자의 아들 샘을 맡게 되면서 팔머는 서서히 바뀐다. 누군가를 진정으로 도와주는 것이 무엇인지 알게 된다. 그것은 내가 원하는 대로 함부로 이끄는 것을 내려놓는 것에서 시작한다. 머리에 핀을 꽂고 인형과 소꿉놀이를 좋아하는 샘한테 가해지는 타인의 시선 또한 영락없는 스티그마[9]이다. 갑자기 증발한 친모를 대신해서 아이를 맡게 된 팔머는 과거의 자신을 기억한다. 세상에 버려진 느낌, 처절한 외로움을 잘 알고 있다. 팔머는 자신을 숨기지 않는다. 돈을 훔쳤고, 폭력을 했고, 그런 나쁜 짓을 했기에 잘살고 있는지 경찰한테 가서 확인을 받는 자신의 처지를 샘한테 고백한다. 아이는 자신도 반 아이의 물건을 훔쳤고, 그러지 않았다고 거짓말까지 했다는 것을 말한다. 팔머는 따뜻한 눈빛으로 이렇게 말한다. "도둑맞은 걸 돌려받게 되면 그 애가 좋아할 것 같니?" 샘은 고개를 끄덕인다. "네, 저도 그래야 기분이 나아질 것 같아요." 팔머는 한 마디 덧붙인다. "그 애가 고마워할 거다." 그리고 아이는 말한다. 돌아가신 할머니 것도 훔쳤는데 돌려줄 수가 없다고. 배가 고파서 그랬다고. 팔머는 괜찮다고 하면서, 직접 달라고 했으면 할머니는 뭐든지 주셨을 거라고 말한다. 아이는 다시 고개를 끄덕인다. 다음 날, 아이는 훔친 물건을 되돌려준다.

---

9 스티그마(stigma): 부정적인 낙인을 뜻하며, 흔히 불명예, 흠, 결점 등을 상징하는 단어다. 스티그마 효과는 타인에게 무시당하고 부정적인 낙인이 찍히면, 자신도 모르게 점점 나쁜 쪽으로 행태가 변해가는 현상을 의미한다.

스티그마는 끈질기다. 여간해서는 벗어나기 힘들다. 방치된 샘을 양육하고자 고군분투하는 팔머한테 세상의 시선은 곱지 않다. 팔머를 호송해가는 경찰차를 뒤쫓아가면서 샘은 팔머를 부르며 울부짖는다. 아이를 있는 그대로 인정해주고 받아 주는 팔머가 결국 승리한다. 긍정적인 기대나 믿음으로 긍정성을 이루는 것은 피그말리온 효과[10]로, 스티그마의 반대다. 그것은 다만 생각 뒤집기로 되지 않는다. '리더십, 문을 열다'의 저자 이창준의 표현대로라면 '비판적 성찰'이라는 '영혼의 울림'으로 전환할 수 있다. 그 무엇보다 자신에게 정직할 때 스티그마를 극복해낼 수 있다.

---

10 피그말리온 효과(Pygmalion effect): 타인의 기대나 관심으로 인하여 능률이 오르거나 결과가 좋아지는 현상을 뜻하며, 로젠탈 효과라고도 하며 자성적 예언, 자기충족적 예언의 의미를 지닌다.

스티그마와 골렘 효과 그리고 피그말리온 효과

스티그마(stigma)가 '낙인'이라면, 그 낙인으로 인해 기대나 성과 저하로 이어지는 것을 골렘 효과(Golem Effect)라고 한다. 유대교 신화에 등장하는 흙으로 만들어진 존재 '골렘'이 유대인을 보호하기 위해 창조했지만, 점차 흉포한 성향으로 변해가며 모든 것을 파괴한다는 신화에서 유래한 것이다. 이 골렘 효과의 반대로 긍정의 눈으로 볼 때 긍정으로 변하며, 칭찬이 극대화되어 나타나는 효과가 '피그말리온 효과(Pygmalion Effect)'다.

부모교육

희한한 부모교육이 있다. 이십 대 이상의 자녀가 있어야 참가 가능하다는 조건이다. 성인 자녀를 둔 부모교육이라니. 생소하기 그지없다. 두 시간을 훌쩍 넘기고서야 마쳤다. 내용은 이러했다.

강사는 먼저 자신의 얘기부터 꺼냈다. 지금 스물일곱 살인 딸이 삼 년 전, 소낙비가 내리는 어느 날 거리에서 "나는 세상에서 엄마가 제일 싫어!"라고 고함을 질렀고, 그 순간 세상에 무너지는 것 같았다고 한다. 평소 잘 통한다고 믿어왔던 관계였기에 놀라움은 더 컸다고 한다. 그 이후로도 억장이 무너지는 몇몇 순간을 연이어 겪고 나서 그녀는 난생처음 딸의 입장에서 곰곰이 생각해보았다고 한다. 그제야 살아오면서 단 한 번도 제대로 딸을 이해하고 공감해오지 않았다는 것을 알아차렸다고 했다. 오래전, 큰 사기를 당해 온통 빚을 뒤집어쓰게 된 때가 있었다고 했다. 같이 살던 외할머니는 엄마가 집에 있다는 사실을 비밀로 해야 한다고 열 살인 손녀에게 신신당부했다고 한다. 그 말대로 일기장에 엄마 대신 '이모'라는 호칭으로 쓰곤 했다고 한다. 그러다가 반 친구들이 엄마 없는 아이라고 놀리자 아이는 아무런 반박도 하지 못하고 울었다는데, 이십 년이 훌쩍 지난 후 비로소 생각나더라는 거였다. 그때는 허리띠를 졸라매야 했고, 암울했던 시기여서 아이의 감정을 제대로 느끼고 돌봐줄 여력이 없었다고 했다. 뒤늦게 회한 가득한 마음이 솟아올라서 이불을 뒤집어쓰고 누운 딸한테 다가가서 미안하다고 말하기 시작했다고 한다. 그 말을 마치 기도하듯 수백 번 읊조렸다고 했다. 그러면서 온통 온 가슴에 들이차듯 눈물이 흘러내렸다고 했다. 얼마나 지났을까. 슬그머니 스스로 이불을 들추며 딸이 역시 눈물로 젖은 축축한 얼굴을 내밀었다고 했다. 근사한 텍스트에서 나오는 합리적인 이론이 아니었다. 자기 이야기를 적나라하게 펼치다가 급기야 눈물을 흘리곤 하는 강사를 어떻게 받아들여야 할까.

급기야 강사는 종이 위에다가 자녀에게 거는 기대를 적고, 다른 종이에는 그 자녀에게 고마운 마음을 적게 했다. 각자 발표하게 한 다음, 기대를 적은 종이를 갈가리 찢어달라고 했다. 이상했다. 화가 날 줄 알았는데 오히려 홀가분했다.

잘해 나갈 거라는 믿음, 넘어져도 스스로 일어날 것이라는 긍정적 마음과 따뜻한 시선으로 멀찌감치에서 바라보는 것, 단지 그것만 하면 된다고 했다. 당장 안쓰럽고 불안한 시선을 거두는 것부터 시작하자고 했다. 자기 자식을 믿지 못하면, 세상 어느 누가 믿어줄 것인가. 때로는 믿음이 내팽개치는 듯해도 그저 훌훌 털어버리자. 자식은 현세에서 도를 닦기 위해 하늘이 보낸 선물이므로. 자식이 날개를 펴고 마음껏 날아가도록 두고 지켜보는 것, 그것 말고 부모가 무엇을 더 할 수 있겠는가. 정신분석학자 라캉(Lacan)의 말에 의하면, 사랑은 갖지 않은 것을 주는 것이다. 이제껏 속박했다면, 지금은 부디 자유를 줄 차례다. 살아오는 동안 미처 자유를 갖지 못한 채 살아왔다면, 이제는 내가 갖지 못했던 자유를 온전히 줘야 할 때다. 별 볼일이 다 있는 부모교육, 낯 간지러운 이 글을 쓴 나는 그 시간에 강사를 맡았다.

마음의 빛 12 　왓칭(watching)

왓칭에 대해 양자 물리학의 창시자격인 닐스 보어는 "이 요술에 충격을 받지 않는 사람은 이해하지 못한 것이다." 라고 했으며, 하이젠베르크에 의하면 "우주의 무한한 가능성은 왓칭으로 비로소 눈앞의 현실로 창조된다."라고 했다. 양자물리학자들이 발견한 우주원리는 만물이 사람의 생각을 읽고 변화하는 미립자(subatomic particle)로 구성되어 있다는 '관찰자 효과(observer effect)'다. 보이는 대로 이뤄진다. 긍정으로 보면, 긍정의 아이가 자라고 부정으로 보면 아이는 부정 덩어리가 된다. 자기 자신한테도 똑같이 적용된다.

죽음에 대한 연구

'죽음'은 사실 금기이다. 함부로 말할 화제가 아니다. 죽음을 두려워하는 이유는 죽음 이후를 모른다는 데 있다. 그렇지만 죽었다가 다시 돌아오는 이들이 있다. 이른바 임사 체험자다. 이들에 따르면 죽음은 두려움의 대상이 아니다.

임사 체험에 대한 연구는 심리학자 레이먼드 무디 레이먼드[11] 가 1970년대부터 시작하였다. 이들의 공통적인 체험은 다음 13 가지로 요약할 수 있다. 사망 선고를 자신의 귀로 직접 듣는다고 한다. 그런 다음 평온함, 희열을 느끼고 이상한 소리를 듣게 되면서 검은 동굴로 빨려 들어간다. 물리적 육체를 벗어나고 언어를 상실하고 시간이 소실되며 감각이 극도로 생생해지면서 고독을 경험하고 이미 죽은 다른 이와 조우하고 인생을 회

---

11 무디(레이먼드 무디 주니어, Raymond A. Moody, JR): 1944년 미국 조지아주 포터데일 출생. 미국의 철학자. 정신과 의사. 작가. 1975년 자신의 임사체험 사례 연구를 기반으로 《Life after Life ; 한국어판 '다시 산다는 것'》를 출간하였으며, 임사체험(Near-death experience)라는 용어를 처음 사용했다.

고한다. 다음, 어떤 경계에 부딪혀서 다시 소생하게 된다. 물리학자이자 의사인 제프리 롱[12]은 임사 체험의 최고 전문가이다. 그의 연구에 의하면 보편적으로 임사 체험자는 다음과 같은 변화를 겪는다고 한다. 죽음에 대한 공포가 줄어들고, 사후세계에 대한 믿음이 강화되고 신의 존재를 더 굳게 믿으며 사랑하는 사람들과의 관계를 더 중요하게 여기며 관계를 강화시켜 나간다는 것이다. 임사체험은 특별한 여행이다. 여행은 돌아온다는 것을 전제로 한다. 제프리 롱에 따르면, 생명의 위협을 겪은 이들의 12~18%만이 임사 체험을 한다. 죽음에 대한 두려움을 이겨내고, 현재를 반짝거리며 사는 비결은 바로 임사 체험일 것이다. 확률적으로 적은 이 독특한 여행을 마냥 기다릴 수 없다. 사실, 죽음에 대한 초연한 태도는 바람직한 사생관으로 인해서 형성된다. 사생관은 죽음을 바라보는 삶의 태도를 말한다. 올바른 사생관 정립을 위한 교육이 절실하지만, 이제껏 사생관 향상을 목적에 둔 프로그램이 없었다.

그런 이유로 연구를 진행하였다. 통합 예술 · 문화치유인 심상 시치료를 활용한 '아생 프로그램'을 마련해서 총 12회기에 걸쳐 간호대생한테 적용하였다. 죽음에 대한 간접 체험을 적기도 하고 자신의 첫 기억과 함께 임종 순간을 상상해서 쓰기도 했다. 인생에 대한 정의를 내리고 내 삶에서 가치 있는 것이

---

12 제프리 롱(Jeffrey Long): 1954년 미국 뉴욕 출생. 아이오와 대학교 방사선 종양학 전공 의사. 작가. 1998년 근사체험연구재단을 설립하고 세계에서 가장 큰 규모의 근사체험 데이터베이스를 유지하고 있다.

무엇인지 적기도 했다. 죽음에 대한 정의를 내리기도 하고 사후생을 다룬 동영상을 보고 느낀 점을 기술하기도 했다. 자살 시도자를 목격했을 때 어떻게 할 것인지 적기도 하고 자신의 유언장을 쓰기도 했다. 한 달 시한부 삶을 살게 된다면, 내가 원하는 일이 무엇인지 생각하고 그중 한 가지를 직접 행하게도 했다. 웰다잉을 위한 나만의 5가지 방침을 적기도 하고 삶과 죽음에 대한 생각과 관련해서 삶의 목적과 태어난 이유를 적기도 했다.

프로그램의 전과 후를 비교해보니 사생관의 척도는 몰라보게 향상되었다. 11회기 째, 한 학생은 죽음이라는 것은 무조건 회피할 것이 아니라 잘 마무리할 수 있도록 배우고 알아가야 한다는 것을 느꼈다고 했다. 어떤 학생은 죽음은 아름다운 것이며 죽음에 대한 부정적 생각이 긍정적, 수용적으로 바뀌었다고 했다. 이 연구를 지난해 12월 '인문사회21' 학술지에 발표했다. 제목은 다음과 같다. '심상 시치료를 이용한 호스피스 교육 프로그램이 간호대생의 사생관에 미치는 영향[13]'. 해서 미안하지만, 당당히 답할 수 있다. 나는 죽음이 두렵지 않다.

---

13 심상 시치료를 이용한 호스피스 교육 프로그램이 간호대생의 사생관에 미치는 영향: 박정혜, 조현미 저자. 2020년 인문사회21 학술지 11권 6호 727~742p.

임사 체험

임사 체험(NDE; near-death experience)은 죽음의 문턱에 다녀온 경험을 말한다. 지금까지의 조사에 의하면 심장정지 상태에서 소생한 사람의 4~18%가 임사 체험을 했다고 진술하며, 그 수는 점점 증가하는 추세다. 유체이탈, 빛 체험, 인생 회고 등등의 임사 체험을 통해 삶의 태도가 긍정으로 바뀌거나 극적으로 건강을 회복하는 사례가 많이 알려져 있다.

적자 인생, 흑자 인생

당신은 '적자 인생'인가? '흑자 인생'인가? 최근 조사에 의하면 우리 국민들은 노동소득이 소비보다 많은 '흑자 인생'에 돌입해서 45세에 정점을 찍고, 59세부터는 소비가 노동소득보다 많은 '적자 인생'으로 간다고 한다. 자본의 논리는 빈틈이 없다. 대번에 답이 나올 것이다. 나이로 봐서는 아직 흑자여야 하는데 걸맞지 않게 적자 인생일 수도 있겠다. 지금처럼 경제가 악화일로에 처한 상황에서는 누구라도 '적자'라는 말을 피할 도리가 없다.

과연 그러한가? 돈으로 삶의 가치가 매겨지는 게 맞는가? 억만장자이며 할리우드 제작자인 스티브 빙[14]의 극단적 선택을 기억해보자. 인기 여배우와 결혼을 해서 아이도 있다. 사회적 명성 또한 대단했다. 그가 남긴 재산은 우리 돈으로 약 6,600억

---

14 스티브 빙(Steve Bing): 1965년 미국 출생. 영화제작자. 2020년 6월 22일 극단적 선택으로 사망.

원이라고 추정된다. 정신분석학자 에릭슨의 심리 사회적 발달 단계에 따르면 그는 중년기의 바람직한 과업인 '생산성'을 충만하게 이행한 사람이었다. 발달 과업을 달성했음에도 불구하고 무엇이 그를 자살로 이끌었는가? 당연한 말이지만, 육체의 삶을 살고 있을 동안에만 돈이 필요하다.

분석심리학자 융[15]은 인간의 나이가 35세 때부터 서서히 '자기' 안으로 들어가야 한다고 했다. '자기'는 심혼이며 영혼의 핵심이다. 그곳에는 우주의 에너지가 함께 깃들어서 살아 움직이는 실체로 존재한다. 또한, 가장 개성적인 진정한 자신을 만날 수 있다. 자기 안으로 들어가는 과정을 융은 '자기실현[16]'이라고 했다. 그 이전의 나이 동안 누구나 물질, 명예, 권력을 위해 고군분투하며 자아실현을 위해 꿈을 꾸며 나아간다. 40세 이후에도 그것만을 쫓다 보면, 심리적 과부하에 걸리거나 내면이 텅 비게 되어 우울하게 된다. 내적 공허를 감추기 위해 화려하게 치장하거나 조금이라도 젊어 보이려고 발버둥을 치기 일쑤다. 욕심이 덕지덕지 붙은 꼴로 사는 것은 자신뿐만 아니라 가까운 이한테도 괴로움을 끼친다. 정신의학자 데이비드 호킨스에 따르면 부정적 에너지장은 행복의 원천을 외부에 두

15 융(칼 구스타프 융, Jung, Carl Gustav): 1975년 스위스 출생. 1961년 사망. 정신의학자. 분석심리학의 창시자.
16 자기실현(Self-realization): 융(Jung)이 1921년 '심리학적 유형론'에서 처음 등장한 용어. 개성화(Individuation) 과정이라고도 한다. 인격 전체가 새로운 중심을 찾아서 새롭게 균형 잡힌 인격의 무게 중심인 자기에 도달하는 것을 목표로 한 과정을 뜻하며, 이렇게 했을 때 사람은 주어진 모든 정신적인 요소들을 완성할 수 있으며 자신만의 개성을 실현시킬 수 있다고 보았다.

는 태도에서 비롯된다.

어떻게 살아야 할까? 돈은 '적자'와 '흑자'를 판가름할 수 없다. 대개 젊음을 유지하는 건강 비결에는 귀를 쫑긋 세우면서 '자기실현'에는 관심도 없다. 이것이 바로 삶의 함정이다. 젊음은 아무리 가꿔도 사라진다. 마음만은 그래도 젊게! 이것도 소용없다. 중요한 것은 '성장과 성숙'이다. '자기실현'은 언뜻 보면 추상적이어서 좌뇌 중심으로 살았던 이들은 고개부터 흔든다. 이제 만 6세 전, 우뇌가 활성화되던 시기로 돌아가야 한다. 40세 이후부터는 세상에 있되 세상에 속하지 않을 아름다운 눈이 떠지는 시기다. 이것을 어떻게 이해하고 활용하는가에 따라서 삶의 질이 달라질 것이다.

마음의 빛 14 자기실현

돈, 명예, 권력 등등을 추구하는 욕망을 '자아실현'이라고 하며, 젊은 시절에는 그것을 꿈의 추진력으로 삼기도 한다. 분석심리학자 융(Jung)에 의하면, 40세 이후에는 '자기실현'을 해야만 의미 있는 인생을 살 수 있다. 자기실현은 보이지 않는 내면을 향해 자기 마음 안으로 들어가는 것을 뜻한다. 저마다 인생의 목표가 다르고 태어난 독특한 이유가 있으므로 이를 '자기 개성화 과정'이라고도 한다. 자기실현을 위한 삶이야말로 아름답고 빛날 수 있다.

노인의 특권에 대하여

우리나라 65세 이상의 노인 인구수는 해마다 증가하고 있다. 2019년 국가통계포털(KOSIS)에 의하면, 우리나라 전체의 인구 중 14.8%가 노인 인구이다. 노인 인구는 2027년이 되면 50.9%로 전체 인구의 과반수를 넘기게 된다. 즉, 본격적인 초고령화 사회가 되는 것이다.

고령화 현상은 이제 미래 트렌드를 전망하는 것에 관심이 집중되고 있다. 20세기 중반 이후 글로벌 사회의 주요 전환점에서 활동한 이들은 고도 성장기를 기반으로 지식과 자산, 권력을 보유한 집단으로 성장했기 때문이다. '그레이네상스(Greynaissance)'라는 신조어의 탄생도 이러한 맥락에서 이뤄진 것이다. 백발이라는 뜻의 그레이(grey)에 르네상스(renaissance)를 합친 용어로 이미 미국을 중심으로 10여 년 전부터 시작된 말이다. 시니어 층은 각종 산업의 '주요 소비층'으로 인식되고 있을 뿐만 아니라 산업지도를 바꾸는 힘을 발휘하고 있다. 최근 모델로 활발하게 활약하고 있는 김칠두씨는 55년생이고, 박양자씨는 27년생이다. 지난 24일 전국노래자랑에서 '미쳤어'라는 노래로 화제가 된 지병수씨는 77세이다. 광고계 러브콜이 이어지고 있을 정도로 인기가 급상승 중이다. '꿈을 가지고 해낸다'는 측면에서 보자면 노인들의 어깨가 펴지고 있는 셈이다.

모든 것이 순조로운 물결 위에 있는 듯하다. 너도나도 '꿈'을 향해 달려가고 있는 중이다. 매력적인 몸매, 자기 관리, 활기차고 예쁜 이미지를 위해서라면 노인들도 예외가 아닌 세상이 되었다. 문학계나 미술계도 예외가 아니다. 여차하면 자서전을 내고 시집을 내고 수필집을 내고 개인전을 여는 형국이다. 뭐라도 과시하지 않으면 기가 죽는다. 너무 바빠서 스스로를 돌아볼 겨를이 없다. 외로울 틈도 없다. 아니, 되도록 외롭지 않으려고 누군가를 늘 만나고 행사에 나가고 이벤트를 벌인다. 왕성하게 알리는 일만이 열정을 다하는 삶이라는 듯 끊임없이 뭔가를 해내려고 하고 자신의 활약을 선전한다. 자본과 소비의 관계에 있는 한 노인은 쉴 틈이 전혀 없다.

헤밍웨이의 소설 '노인과 바다'에서 우리는 거대한 물고기와 사투를 벌이다가 뼈만 남은 잔해를 끌고 돌아오는 늙은 어부를 만날 수 있다. 삶과 순리에 대한 근원적인 질문과 성찰을 자극하는 소설이다. 석가모니 붓다가 세상에서 활동할 당시 불법을 수행하던 장로들이 읊었다는 '장로게(長老偈)'에 나오는 게송은 다음과 같다. "기꺼이 죽으려 하지도 않고 살려고도 하지 않는다. 단지 정신을 차리고 의식을 가다듬어 곧 이 육신을 떠날 것이다. 죽음에 대한 생각을 즐기지도 않고 살고 있음에 기뻐하지도 않고, 나는 단지 자신의 할 일을 다 한 일꾼처럼 그 시간을 기다릴 뿐이다." 노인의 특권은 자기 자신의 내면을 들여다볼 기회를 가진다는 데 있다. 타인의 시선에서 자유롭고 자기 자신과 화해하고 혼자서도 잘 놀 수 있다면, 우리는 노인 자살률 1위라는 불명예를 극복할 것이다.

마음의 빛 15 나와 화해하기

분석심리학자 융(Jung)에 의하면 스스로 외면하고 싶을 정도로 쓰레기 같은 나를 '그림자'라고 한다. 그 그림자를 좀처럼 인정하지 않으려고 타인한테 투사하고는 그 상대방을 싫어하고 미워하는 형태로 그림자를 왜곡시키기 마련이다. 그렇게 할수록 내면의 그림자는 흉측하게 큰 괴물이 되고 만다. 스스로 그림자가 있다는 것을 인식하고 끌어안는 것이 그림자를 줄이는 가장 좋은 방법이다. 그렇게 나와 화해하는 것이 자기실현을 위한 과정이다.

꽃보다 사람

'라스트 미션[17]'은 87세의 마약 배달원 레오 샤프의 실화를 다룬 영화다. 레오 샤프는 2011년 멕시코에서 미국으로 300만 달러 상당의 코카인을 운반하던 중 체포되어 3년 형을 선고받았다. 뉴욕타임스는 미국 최고령 마약 밀수범으로 화제를 모은 이 스토리를 '시날로아 조직의 90세 운반책'(The Sinaloa Cartel's 90 Year Old Drug Mule)이라는 기사로 보도한 바 있다. 영화는 이 기사를 바탕으로 했으며, 거장 클린트 이스트우드가 연출과 출연을 맡았다.

구십 대의 클린트 이스트우드의 나이로 볼 때, 제목대로 이 영화가 바로 그의 '라스트 미션'이 아닌가 하고 생각할 수도 있다. 마지막 마약을 배달한다는 뜻으로도 읽을 수 있다. 또는 실패한 지난날을 돌이켜보고자 하는 한 남자의 가족 돌보기가

---

17 라스트 미션(The Mule): 2018년에 제작하고 2019년 개봉한 클린트 이스트우드 감독의 미국 영화. 이 영화 속에서 주연과 감독을 동시에 맡았다.

바로 마지막 임무라고 여겨지기도 한다. 영화 속 주인공 모델인 레오 샤프, 즉 클린트 이스트우드가 역을 맡은 얼 스톤은 오랫동안 원예가로 지내면서 숱한 상을 받는다. 그는 한국전에도 참가한 참전용사이기도 하다. 하지만 딸의 결혼식에도 가지 않을 정도로 일과 주변 사람들의 인기 속에서 바쁘게 살아간다. 세월이 흘러 그의 원예농장은 압류당하고 만다. 그러다가 우연한 기회에 물품을 운반하면 돈을 주겠다는 제의를 받는다. 처음에는 운반하는 물건이 무엇인지도 모르고 시작했지만 제법 짭짤한 수익을 올리게 된다. 손녀딸의 결혼 행사에 돈을 쓰기도 하고, 농장도 되찾는다. 나중에는 마약이라는 것을 알고 나서도 손을 뗄 수 없었다. 무려 200파운드의 마약을 운반하던 날, 전처가 위급하다는 연락을 받는다. 아내의 마지막 모습을 지켜주던 그는 수십 년 동안 소원했던 딸과 화해한다. 장례식을 마치고 임무를 수행하던 도중 얼 스톤은 마약단속국(DEA) 요원한테 체포되고 만다.

마음을 은은한 종소리로 울리는 장면이 있다. 바로 얼이 법정에서 재판을 받을 때이다. 변호사의 변론 도중 "나는 유죄요."라고 고백한다. 그럴싸하게 변호해달라고 돈을 써서 요청할 수도 있었을 것이다. 얼은 뒤돌아서서 가야 할 때를 아는 사람이었다. 우리가 청명한 울림을 경험하는 것은 바로 이 때문이다. 실수하고 오류투성이 인간이 역시 인간임을 확실하게 보여주는 것, 바로 자기 성찰이다. 성찰은 '자신이 한 일을 깊이 되돌아보는 내면적 활동'을 말한다. 성찰은 인간만의 고유 특성이다. 욕심을 내려놓는 것은 말처럼 잘되지 않는다. 한 번 더 할 수 있는데 그러지 못한 상황 탓을 하며 화를 낼 수도 있다. 그 모든 것을 내려놓고 시인하기란 사실 쉬운 일이 아니다. 영화의 마지막 장면에서 우리는 미소까지 머금게 된다. 교도소 안에 핀 화사한 백합의 향기를 맡을 수 있기 때문이다. 마하족 추장인 '큰참나무'는 이런 말을 했다. "이미 지나가 버려 막을 수 없는 일에 대해서는 울화를 품으면 안 된다." 얼이 멋진 이유는 바로 욕심, 화, 아집을 내려놓았기 때문이다. 역시, 꽃보다 아름다운 것은 사람이다.

마음의 빛 16 · 성찰력과 통찰력

성찰은 자신의 마음을 반성하고 살피는 것이다. 통찰은 예리한 관찰력으로 꿰뚫어 보는 것을 말한다. 성찰이 나무를 보는 것이라면, 통찰은 숲을 보는 것이다. 성장하고 발달할 수 있도록 자신을 이끄는 힘이 바로 성찰과 통찰에서 나온다. 즉, 삶의 한 부분을 면밀하게 들여다보면서 동시에 삶의 전체를 통틀어 바라볼 때 슬기로운 지혜가 일어난다.

현대인의 병, 경계성 인격장애

네가 미워! 하지만 떠나지 마! 경계성 인격장애[18]를 한마디로 설명하는 말이다. 미운데도 붙잡는 이 말은 두고두고 곱씹고 미워하겠다는 뜻이다. 그 미움의 힘으로 살겠다는 말이다. 불행히도 경계성 인격장애는 현대인의 특징이다. 21세기를 살아가는 현대인은 정도의 차이는 있을지언정 이 테두리를 벗어나지 못하고 있다. 깊은 사유와 성찰을 잘 하지 않기 때문이다.

생각해보자. 어떤 한 사람이 자신의 가치관, 감정에 의해 영웅이기도 하고 때로는 사악하기도 하다면? 이 세상은 적과 아군으로 되어 있으며 타인을 내 편으로 만드는 것이 살아가는 전략이라고 여긴다면? 자기 자신에 대한 평가가 형편없음과

---

18 경계성 인격장애(borderline personality disorder): 경계선 성격장애라고도 한다. 자아상, 대인관계, 정서가 불안정하고 충동적인 특징을 갖는 인격장애 중 하나다. 자신이나 타인에 대한 평가에 변화가 심하고 우울과 분노와 정상적인 상태를 넘나들고, 극히 충동적이어서 자해와 자살 시도가 빈번하다. 평생 유병률은 1~1.5%이다.

완벽함을 수시로 오고 간다면? 누군가를 이상화하거나 경멸스럽게 여기는 것 사이를 왔다갔다 한다면? 어떤 상황을 타인과 아주 다르게 기억하거나 전혀 기억하지 못한다면? 자신의 행동에 대한 책임이 타인에게 있다고 믿거나 지나친 죄책감을 가지고 있다면? 실수를 잘 인정하지 않거나 반대로 자신이 하는 모든 일을 실수라고 여긴다면? 사실보다 감정에 근거하여 자신이 믿는 대로만 결정하려고 한다면? 자신의 행동이 주위에 미치는 영향을 잘 깨닫지 못한다면? 타인이 곁에 없다고 느낄 때 그 상대방의 사랑을 부인하기 일쑤라면? 내가 정한 잣대대로 타인이 행동하지 않을 때 분노가 치밀어 오른다면? 자신의 의사와 상반된 상대에 대해 비난의 화살을 쏘아대며 공격하게 된다면? 미움이 증폭되어 절대로 보지 않겠다고 선언하지만, 막상 헤어지는 것이 두려워 견딜 수가 없다면? 공감과 소통력이 떨어진다며 비난하기만 하며 모든 문제를 상대방 탓으로 돌린다면? 자신은 영원한 피해자이며, 동정과 위로를 받아야 한다고만 믿고 있다면? 내 감정과 언행은 분명한 이유가 있으며, 모든 것은 상대방으로 인해서라고 한다면?

열거한 구절 중에 하나라도 해당한다면, 자신에 대해 깊이 생각해보자. '성찰'과 '통찰'을 거부하는 것이 인격장애다. 자신의 삶을 도무지 돌아보지 않으려 한다. 자신이 허무하고 공허해서 견딜 수 없기 때문이다. 갈등이 일어나면 중독을 야기하는 음주, 약물 등의 충동적인 방법으로 도피하려고 한다. 억지로 참더라도 자신을 괴롭히는 상황들이 하루빨리 종료되기만을 바라지 성찰하지 않는다. 골치 아픈 것들을 멀리하고 멍 때리거나 말초적인 쾌락에만 치중한다. 인간이 가진 고유한 특징인 성찰을 덮어버리니, 결국 인간답지 않는 삶이 이어진다.

경계성 인격장애를 가진 이가 자신이 그러했다는 것을 알아차리는 것을 점등효과(lightbulb effect)[19]라고 한다. 자신 안에 답이 있다는 것을 깨닫는 순간이다. 이때 비로소 치유가 시작된다. 이 글을 읽고도 나와는 전혀 상관없다고 고개를 돌려버린다면, 그야말로 심각한 수준이다. 인간은 사회적 존재다. 혼자 살 수 없으니 어울려 살기 마련이다. 무인도에 표류하면서 살았던 로빈슨 크루소조차 배구공에 '윌슨'이라고 이름을 붙여놓고 얘기를 건다. 아무 말도 하지 않는 윌슨이지만, 상상력을 동원해서 사회를 형성한 것이다. 배구공이 떠내려가자 로빈슨 크루소는 윌슨을 외치며 오열을 터뜨리기도 한다.

사회는 그 사회 나름의 전통, 도덕, 규율이 있다. 또한, 인간이라면 가지는 고유한 성질인 '인성'이 존재한다. 기본적인 양심에 바탕을 두고 생활하는 것이 보편적 삶의 태도다. 반사회

---

19 점등효과(lightbulb effect): 등에 불을 켜듯이 경계성 인격장애를 가진 이가 자신이 그러했다는 사실을 알아차리는 것을 일컫는다. 바로 자신 안에 답이 있다는 것을 깨닫고 통찰을 시작하게 되는 중요한 순간을 의미한다.

성[20]은 이에 대한 적의, 공격을 드러내는 것이다. 사회의 질서에 반항하며, 사회에 대항하여 폭력이나 비행을 저지른다. 반사회성은 생각부터 씨앗이 되어 자란다. 미국 최초의 여성 연쇄 살인범인 에일린 우르노스[21]는 이렇게 말했다. "내게 세상은 지옥일 뿐이었다. 악마는 내 주변의 환경에서 비롯되었다." 우리는 흔히 반사회성은 유전적이지 않을까 하는 의문을 가진다. 캐나다의 데이비드 리켄[22] 박사에 의하면 유전적 요인은 극소수에 불과하다. 거의 모든 비행 청소년들은 부모, 형제자매, 성인들의 영향으로 반사회적 인격장애[23]가 된다. 이런 성향의 청소년들은 자제와 절제를 모를 뿐 아니라 상식적으로 이해할 수 없을 만큼 공포심도 없다. 직접적 원인은 부모의 형편없는 가정교육이나 학대, 무관심이다. 아이들은 사랑받지 못한다면 오히려 겁나게 하는 존재가 되는 편이 낫겠다고 여긴다. 이런 감정은 자신이 하는 언행에 화를 내거나 비난하는 사람이 있을 때 더욱 증가한다. 특정한 스트레스 상황에서 벗어나 존중

---

20 반사회성(antisocial personality): 사회의 전통, 도덕, 규율, 조직 등에 대한 적의, 공격을 나타내는 성향을 의미한다. 사회의 질서에 대한 반항적 행동으로 표현되며 청소년의 비행 등이 이에 해당한다.
21 에일린 우르노스(Aileen Wuornos): 미국 최초의 여성 연쇄살인범. 아동기 때부터 학대를 받고 자랐다. 플로리다에서 12년 동안 사형수로 복역하다가 2002년 10월 9일 사형으로 생을 마감했다.
22 데이비드 리켄(David Lykken): 1928년 미국 미네소타 미니애폴리스 출생. 2006년 사망. 미국의 행동유전학자. '심리과학(Psychological Science)' 5월호에 행복과 유전의 관계를 밝힌 논문을 발표했다.
23 반사회적 인격장애(antisocial personality disorder): 타인의 권리를 대수롭지 않게 여기고 침해하며, 반복적인 범법행위나 거짓말, 사기성, 공격성, 무책임함을 보이는 인격장애의 하나. 15세 이후에 시작하지만, 만 18세 이상일 때 진단할 수 있다.

과 배려를 해주면 이런 심리적 상처는 치유될 수 있다. 심각한 반사회성에 빠지게 되면, 자신을 돌이키거나 순화하는 것을 '쪽 팔린다'고 여기기도 한다. 반사회성을 보일 때, 두려운 나머지 피하거나 비난하기만 하면 방법이 없다. 영국의 정치가 에드먼드 버크[24]는 '악이 승리할 때 필요한 것은 오직 한 가지다. 선한 사람들이 행동하지 않는 것이다.'라고 했다. 살만 루슈디[25]는 소설 '악마의 시'에서 수피안의 입을 빌려서 이렇게 말하고 있다. "사람의 본질이 변할 수 있느냐? 시인 루크레티우스[26]는 본래의 자신에게 즉각적인 죽음을 내릴 수 있다고 했다. 반면, 시인 오비디우스[27]는 우리의 영혼이 불멸하며 영원히 변함없는 본질을 지니고 있다고 했다. 자, 누구의 말이 맞은가?" 소설 속 살라딘 참차는 오비디우스를 버리고 루크레티우스를 선택하고 악마가 되었다.

모든 사람의 내부에 두 마리의 늑대가 산다는 인디언 전설

24 에드먼드 버크(Edmund Burke). 1729년 아일랜드 더블린 출생. 1797년 사망. 영국의 정치인이자 정치철학자, 연설가이다. 최초의 근대적 보수주의자로 '보수주의의 아버지'로 알려져 있다.
25 살만 루슈디(아흐메드 살만 루슈디, Sir Ahmed Salman Rushdie): 1947년 인도 뭄바이 출생. 영국의 소설가이자 수필가. 14살에 영국으로 유학을 떠나 케임브리지 대학교 킹스 칼리지에서 역사 전공으로 학사 학위를 받았다. 부커상을 세 차례 수상한 《한밤의 아이들》과 1988년에 발표한 《악마의 시》로 유명하다. 신화와 환상, 현실을 혼합한 마술적 사실주의와 포스트모더니즘 기법을 활용하여 작품 활동을 한다.
26 루크레티우스(Titus Lucretius Carus): 기원전 99년 출생. 기원전 55년 사망. 고대 로마의 시인이자 철학자. 서사시 《사물의 본성에 관하여》(De rerum natura, On the Nature of Things) 6권만이 저술로 남아 있다.
27 오비디우스: 기원전 43년 출생. 기원후 17년경 사망. 로마제국 시대의 시인. 즐거움을 노래하는 연애시로 유명하며 호라티우스와 더불어 로마 문학의 황금시대를 이루었다.

이 있다. 한 늑대는 사악하고 성내고 질투하고 오만하고 거짓된 자긍심과 자만하는 에고[28]를 지녔다. 또 다른 늑대는 선하고 기쁨, 평화, 사랑, 희망, 평온, 겸용, 진실을 가졌다. 내가 먹이를 주는 쪽이 살찌게 될 것이다. 앞의 늑대는 노예로 사는 삶이 될 것이고, 뒤의 늑대는 자유와 해방으로 이어질 것이다. 당신은 어느 늑대를 키우고 있는가?

마음의 빛 17

경계성 인격장애(borderline personality disorder)

모든 인격장애는 자기 자신만을 극대화한 나머지 이타성을 상실한 극단적인 이기주의 속성을 지니고 있다. 특히 경계성 인격장애는 자아상, 대인관계, 정서가 불안정하고 충동적인 특징을 갖는 성격장애이다. 정상, 우울, 분노, 불안을 왔다 갔다 한다. 자신이나 타인에 대한 평가가 변화무쌍해서 자해 자살행위도 잦다. 평생 유병률은 1~1.5%이지만, 점점 늘어나는 추세를 볼 때, 현대인의 병이라고도 할 수 있다.

---

28 에고(ego): 성격구조의 이성적인 부분으로서, 원초아의 본능적 욕구, 초자아의 도덕적이며 양심적인 요구, 그리고 객관적인 현실세계 간의 갈등을 중재하는 성격의 집행자 역할을 한다. 지나칠 경우 에고 중심주의 즉, 에고이즘(개인주의자, 자기 자신의 이익만 꾀하고 타인, 사회의 이익은 염두에 두지 않으려는 태도)이 될 수 있다.

'호모 룩스'로서의 인간

인간은 어떠한 존재인가? 엉뚱한 상상을 해보자. 인간이 아닌 존재, 일테면 외계인한테 인간을 설명한다고 치자. 어떻다고 말할 수 있을까? 인간은 온순한가? 이기적인가? 희생적인가? 파렴치한가? 이것저것이 섞여 있는 모순투성이인가?

2021년 3월 16일 오후 5시, 미국 조지아주 애틀랜타에서 있었던 총격 사건으로 숨진 피해자 8명 중 4명은 한국계였다. 그중 한 명인 현정 그랜트는 한국 국적자다. 그녀는 두 아들의 대학 등록금, 집세 등을 위해 일하다가 변을 당했다. 그녀의 장남 랜디 박이 기금 모음 웹사이트 '고펀드미'에 "어머니는 우리 형제를 위해 평생을 바친 싱글맘이었습니다. 가장 친한 친구였고, 우리에게 가장 큰 영향을 끼친 분이었습니다."라고 호소했다. 그는 2만 달러를 목표로 모금을 했지만, 불과 이틀 만에 약 266만 달러가 모였다. 랜디 박은 세상의 도움을 받았다는 사실에 대해 어머니가 이제 안심할 것 같다며 감사의 글을 남겼다. 이 사건이 아시아 혐오 범죄라는 점에 대해 항의 시위가 이어지고 있다. 미 대통령까지 나서서 각성을 촉구하는 목소리를 내고 있다. 사건이 일어나자 폭력에 저항하는 이들이 한목소리를 내고 있다. 인간은 서로를 긍휼히 여기고, 의롭게 행동하는 용기 있는 존재인가.

한편, 총격범 로버트 애런 롱[29]이 다녔던 조지아주 밀턴의 크랩애플 퍼스트 침례교회는 진정한 신도로 볼 수 없다며 그를 신도 명단에서 제명했다. 사건이 벌어지자 오물을 씻어내기 바쁜 격이다. 평소 롱은 착하고 독실한 기독교인으로 인정받고 있었다. 그는 8살 때 기독교 세례를 받았고, 착실하게 신앙생활을 해왔다. 반면 그는 성행위에 대한 충동과 강박으로 성중독 치료를 받은 이력이 있다. 재활 시설에 가기도 했으나 치료는 성공적이지 못했다고 한다. 롱의 행적을 통해 보자면, 왜곡된 종교적 관점, 성 중독, 인종 차별이 뒤범벅되어 저지른 끔찍한 만행이었다고 할 수 있을 것이다. 그러니, 인간은 위험하기 짝이 없는 존재다. 자신의 죄를 타인한테 투사시켜서 파멸하려 든다. 얼마나 어리석고 이기적인가.

도대체 인간을 한마디로 정의 내릴 수가 없다. 그런데도 감

29 로버트 애런 롱(Robert Aaron Long): 2021년, 21살의 나이로 미국 조지아 애틀랜타 총격 사건을 일으킨 범인. 한인 여성 4명을 포함해 8명을 살해했다.

행해보고자 한다. 인간은 에너지 체이다. 그 어떤 상황보다 자신이 어떻게 생각하고 느끼는가에 따라 삶이 달라질 수밖에 없다. 긍정은 지속적인 긍정을, 부정은 끝없이 부정을 낳는다. 에너지 힐러인 웬디 드 로사[30]의 말에 의하면, 삶의 목적은 '내 안의 빛을 이해하고 세상에서 빛이 되는 법을 깨닫는 것'이다. 그러므로 '진정한 인간'은 '호모 룩스(Homo Lux)', 즉, 빛이다. 당연한 말이지만 빛은 어둠을 물러나게 한다. 이 사실을 깨달을 때 개인이든, 사회든 치유가 일어날 것이다. 그리고 지금, 이 세상은 그 무엇보다 치유가 절실하다.

마음의 빛 18　　**호모 룩스(Homo Lux)**

인간 내면의 핵심에는 신, 또는 우주의 에너지가 자리한다. 그 사실을 깨닫든, 그렇지 않든 간에 존재한다. 분석심리학자 융(Jung)에 의하면, 그곳을 '자기(Self)'라고 하며, 큰나, 참나, 본래면목(本來面目)이라는 말과도 의미가 같다. 통합 예술·문화치유인 심상 시치료에서는 '빛'이라고 한다. 인간은 빛의 존재다. 인간의 '빛'은 외따로 존재한 적이 없다. 인간의 잠재력과 가능성이 무한한 이유가 거기에 있다.

---

30 웬디 드 로사(Wendy De Rosa): 미국의 저자이자 연설가, 강사, 에너지 힐러. 1998년부터 직관적인 재능을 활용해서 교육을 제공하고 에너지 힐러를 양성하는 직관력 학교의 설립자로 현재 콜로라도주 볼더에서 활동하고 있다.

절대 부끄러운 것

그게 부끄러운 기 아입니더! 영화 '마약왕'에 나오는 대사다. 실화를 바탕으로 한 이 영화는 70년대를 풍미하던 마약계 거물을 다뤘다. 주인공 이두삼의 활약은 혀를 내두를 정도다. 그는 부산에서 금세공업자로 살아가다가 밀수를 하게 된다. 히로뽕을 수출하는 일을 대리하다가 검거되어 투옥된다. 부인의 로비를 통해 폐병으로 출소하고 이후 본격적인 마약 사업을 벌인다. 신분증을 위조하고, 엄청난 뇌물을 써서 정치 인맥을 마련한다. 새로 부임 받은 검사의 대대적인 단속으로 그는 취조당한다. 검사는 그의 화려한 명함 다발을 쥐고 하나하나 읽어 내려가다가 흩뿌린다. 이두삼은 끼고 있던 팔장을 풀며 말한다. 개 같이 번 돈을 어디다 쓰냐고예? 정승맨치로 쓰는 게 아이라 정승한테 쓰는 겁니다. 내가 검사님 앞에 일억 보재기 딱 내놨삐면 검사님 우짤낍니까? 내 비밀로 해드릴게. 그러다가 손을 옆으로 내뻗으며 특유의 넉살을 부린다. 와이고야. 요

뭐 봤습니까? 금방 검사님 머릿속에 팍 지나갔는데? 뭔가가…
헤헤헤. 그게 절대 부끄러운 기 아입니더!

 마약 중독 이력을 가진 한 유튜버는 이 영화를 이렇게 소개
했다. 일반인들이 보면 호기심이 생길 것이고, 약쟁이들이 보
면 하고 싶어서 환장할 영화다. 그러면서 영화 이름만 들먹여
도 약이 당기는지 입맛을 다셨다. 미국에서는 한 시간에 3명꼴
로 마약에 중독된 아기가 태어난다. 영화 속 이두삼이 행했던
마약 밀수출은 오십 년이 흘러도 여전하다. 최근 5년 사이에
는 그 수가 100배 이상 증가했다. 올해 7월에는 원룸 꼭대기 층
에서 시가 33억 원어치 필로폰을 만든 30대가 구속되기도 했
다. 그는 놀랍게도 처방전 없이 살 수 있는 일반의약품에서 마
약 성분을 추출해냈다. 지난 4일, 래퍼 불리는 유튜브 채널에
서 자신이 경험한 펜타닐에 대해 토로했다. 알려진 대로 펜타
닐은 헤로인의 100배나 되는 마약 진통제다. 불리는 마약에 손
대는 순간 삶의 주인은 악마가 되는 것이라 했다. 그는 우리나
라에서 마약이 급속하게 퍼진 것이 래퍼들 영향이 크다고 본
다며 이실직고했다. 아이들의 우상인 래퍼들이 마약을 경험한
이력을 떠벌렸기 때문이라는 것이다. 영상의 마지막에는 절규
하듯 래퍼들에게 욕을 해댄다. 그 욕은 바로 자신을 향한 극렬
한 비난이기도 하다.

물질과 욕망, 쾌락만을 추구하는 삶, 그게 사실 부끄러운 것이다. 누구나 다 그렇게 살아가니 나도 그러겠다고 하는 것도 부끄러운 것이다. 부끄러움을 안다면, 멈출 수 있는 아주 가느다란 희망의 끈 하나가 드리운 것이다. 그다음 시작해야 하는 것은 그 길을 벗어나서 다시는 가지 않는 용기다. 부디, 부끄러움을 알아차리는 행운이 깃드시길!

<u>마음의 빛 19</u> **용기**

정신의학자 데이비드 호킨스에 의하면, 인간 의식의 수준은 숫자로 나눌 수 있으며, 200미만은 미만끼리, 이상은 이상끼리 순환한다. '200'이라는 숫자를 기준으로 회전축이 발생한 것이다. 그 의식 수준의 축은 '용기'이다. 용기를 가질 때 비로소 그 위에 있는 의식인 중립성, 자발성, 수용, 이성, 사랑, 기쁨, 평화, 깨달음으로 갈 티켓이 주어진다. 그러니 '용기'는 의식혁명을 위한 첫 관문인 셈이다.

기적을 꿈꾸며

우울이 다반사가 되었다. 하늘길이 막히고, 땅의 길도 삶의 길도 막막하다. 흐름을 상실하면 아프게 된다. 우울감과 무력감이 성인 인구의 절반 이상을 강타하고 있다. '코로나 블루'를 경험하는 가장 큰 이유는 '고립'이다. 언제까지 이렇게 계속될지 장담할 수 없는 노릇이다. 아직 건재하고 있는 육체에 비해 정신은 나약하기 그지없다.

그 어떤 말로도 위로가 되지 않는다. 그저 이 사태가 지나갔으면 하지만, 좀처럼 누그러들지 않는다. 어느 누구도 코로나 19 앞에서 건강을 호언장담할 수 없다. 감염의 공포에서 어서 벗어나고 싶은 간절한 마음으로 하루하루를 버티고 있다. 인간의 죽음에 대한 연구에 일생을 바쳐 미국 시사 주간지 '타임'이 선정한 '20세기 100대 사상가' 중 한 명으로 선정된 엘리자베스 퀴블러 로스[31]는 다음과 같이 말했다. "상황을 바꿀 수 없

31 엘리자베스 퀴블러 로스((Elizabeth Kubler-Ross): 1926년 스위스 취리히 출생. 2004년

다고 해서 최악이라고 여기지는 말아야 합니다. 일이 일어나고 전개되는 과정을 신뢰해야 합니다. 세상에서 일어나는 기적적인 일들은 대부분 우리의 도움이나 간섭, 지원 없이도 일어납니다." '기적'에 관해서는 물리학자 알베르트 아인슈타인의 다음과 같은 말이 있다. "세상을 보는 데는 두 가지 방법이 있다. 하나는 기적이 없다고 생각하며 사는 것이고 다른 하나는 모든 것이 기적이라고 생각하며 사는 것이다." W정신과 의사이자 작가인 모건 스콧 펙[32]은 "실제로 우리 인생에서 가장 좋은 시기는 우리가 어렵고 불행하고 불만족스러울 때 도래한다. 어려움을 극복하기 위해 여러 가지 방법과 진정한 해결책을 모색하기 때문이다."라고 하였다. 이런 말들이 지금 아무런 도움이 되지 않을 수도 있다. 부정 속에서 억지 긍정을 창출 해내는 능력이 부족한 탓일까. 울적함은 가시지 않는다. 그래, 좋아. 그런데 도대체 그 기적이란 게 언제 오는 거지? 경로를 파악할 수 없는 미묘한 상황에서 코로나19에 감염될 확률이 존재하는 한, 우리의 삶은 무방비이다. 신의 은혜와 사랑을 갈구하기 전, 먼저 신의 무자비한 행태에 손가락질하고 싶어지기도 하다. 이런 상황을 신이 허락했으니, 이를 거두는 것 또한

사망. 스위스 출신의 미국 정신과 의사. 임종 연구(near-death studies) 분야의 개척자이며《죽음과 임종에 관하여(On Death and Dying, 1969)》를 출판하였고, 분노의 5단계(five stages of grief) 이론을 처음으로 제시하였다.
32 모건 스콧 펙(M. Scott Peck): 1936년 미국 출생. 2005년 사망. 사상가, 정신과 의사. 하바드 대학(B. A.)와 케이스 웨스턴 리저브(M. D.)에서 수학한 뒤 10여 년간 육군 군의관(정신과 의사)로 일했다. '자기 훈육'의 필요성을 주장하면서 진정한 자기계발서(self-help book) 장르를 구축했다.

신이 허락하시리라. 이런 말조차 사치스럽다.

'코로나 블루'는 한층 더 짙어지고, 다양한 연령층으로 확산될 것이다. 어떤 기적을 꿈꿀 것인가. 그야말로 꿈이 아닌가? "똑바로 본다고 해서 모든 것이 변하는 것은 아니다. 그러나 똑바로 보지 않는다면 아무것도 바꿀 수가 없다." 소설가 제임스 볼드윈[33]이 남긴 말이다. 이제 우리에게는 무엇이 펼쳐져 있는가. 다시 엘리자베스 퀴블러 로스의 말을 새겨보자. "평화를 느끼지 못한다면, 삶에 순응할 때입니다. 인생이 마음먹은 대로 풀리지 않는다면, 받아들일 때입니다." 지금이 그러할 때이다. 순응 속에서 기적이 온다.

---

33 제임스볼드윈(James Baldwin): 1924년 미국 출생. 1987년 사망. 미국의 소설가이자 수필가. 뉴욕 할렘에서 9남매의 맏아들로 태어나서 성직자의 양자로 성장했다. 수필집 《다음에는 불을(The Fire Next Time)》(1963)에 실린 〈내 마음의 영토에서 보낸 편지(Letter from a Region of My Mind)〉에서 인종 간의 차별을 종식해야 한다고 호소했다. 자전적인 첫 번째 소설 《산에 올라 고하여라(Go Tell It On the Mountain)》(1953)로 유명하다.

<u>마음의 빛 20</u> 우울증

우울증은 생각의 내용, 사고 과정, 동기, 의욕, 관심, 행동, 수면, 신체활동 등 전반적인 정신 기능이 계속해서 저하되어 일상생활에 지장을 주거나 악영향을 끼치게 되는 것을 뜻한다. 즐거운 일이 있을 때 즐겁고, 슬픈 일이 있을 때 슬퍼하는 것은 자연스럽고 건강한 것이며, 일시적으로 우울하다고 '우울증'이라고 할 수는 없다. 우울증은 우울한 기분이 적어도 2주 이상 지속할 때를 말하며, 이럴 경우에는 적극적인 치유적 대처가 필요하다.

노매드랜드의 길

　우리는 모두 길 위에 있다. '길'은 여러 의미로 변용된다. 저마다 삶의 방식이나 목적을 향한다는 말로, 방도나 도리를 일컫는 말로 혹은 물리적인 '길' 자체에 대한 의미로, '길'은 한마디로 삶이다. 어떤 것을 가리키든 간에 길 위에 있다면, 그만큼 걸어온 것이다.

　지난 4월에 개봉한 영화 '노매드랜드[34]'는 길에 대한 영화다. 인트로에는 이런 말이 적혀 있다. '2011년 1월 31일. 석고보드의 수요 감소로 인해 미국은 88년 만에 네바다주 엠파이어에 있는 공장을 폐쇄했다. 7월 이후 엠파이어 우편번호 89405는 사용 중지되었다. 이어 주인공 펀이 집의 창고 문을 여는 장면으로 시작한다. 하나의 문이 닫히고, 새로운 문이 열리는 셈이다. 펀은 간단한 짐들을 밴에 옮겨 싣고 길을 나선다. 전반적인 내용은 잔잔하다. 들끓는 욕망이나 추격, 쟁탈전이 없다. 남

---

34 노매드랜드(Nomadland): 2021년 개봉한 클로이 자오 감독의 미국 영화.

루한 일상이 고스란히 드러난다. 주인공은 남편을 잃고, 집도 잃었다. 개조하여 숙소로 삼는 밴을 몰고 정처 없이 다닌다. 돈이 떨어질 만하면, 닥치는 대로 일을 한다. 노년기의 그녀에게 일은 일용직 노동밖에 없다. 영화는 제법 묵직하다. 2007년에 발생한 서브프라임 모기지 사태[35]로 집을 잃어버린 이들의 현대판 유목 생활이 배어있다. 1998년 루게릭 환자한테 안락사 시술을 했던 잭 케보키언[36]의 '마지막 출구'라는 책도 언급하고 있다. 소세포 폐암으로 뇌까지 전이가 된 스완키는 이런 말을 한다. "난 여행을 떠날 거야. 다시 알래스카로 돌아갈 거야. 좋은 추억들이 있거든. 그리고 해야 할 일을 할 거야. 더 이상 병원에서 시간을 보내고 싶지 않아. 난 금년에 75세야. 꽤 잘 살았다고 생각해. 정말 멋진 것들도 봤어. 카약도 타봤지. 아이다호에 있던 무스 가족. 콜로라도 호수에서 카약 위를 날고 있는 크고 하얀 펠리컨들... 수백 마리의 제비 둥지가 절벽에 붙어 있었어. 온 사방에 제비가 날면서 물에 비치는데 마치 내가 제비와 함께 나는 것만 같았지. 내 밑에도 있고 내 위에도

---

35 서브프라임 모기지 사태(Subprime Mortgage Crisis): 집을 담보로 해서 주택매매대금을 대출해주는 주택담보대출을 '모기지'라고 하며, 서브프라임 모기지는 신용이 낮은 사람들이 하는 주택담보대출을 해주는 비우량 주택담보대출을 일컫는다. 서브프라임은 주로 무직자이며, 이 등급은 신용도가 낮아서 프라임 등급보다 더 높은 금리가 매겨진다. 금리가 인상되어 내야 할 대출의 이자가 과도하게 높아지면 지불을 못하고 연체하게 되어 채권회수를 위해 담보물인 주택을 처분하게 된다. 이러한 과정에서 집값이 하락하고 채권회수율도 하락하는 사태를 일컫는다.
36 잭 케보키언(Jack Kevorkian, Jacob Kevorkian): 1928년 미국 폰티액 출생. 2011년 사망. 미국의 병리학자, 교육자, 의사, 사상가. '인간의 죽을 권리'를 주장하며 말기 환자들을 선별하여 안락사를 도움으로써 미국 내에 사회적 반향을 일으켰다.

있고 모든 곳에 있었어. 제비 새끼들이 부화하면서 알껍데기들이 둥지에서 떨어져 물 위에 둥둥 떠다녔어. 작고 하얀 껍질들. 정말 아름다웠어. 이제 충분하다고 느꼈어. 내 인생은 완벽했어." 그리고 반짝이는 눈빛으로 저녁놀이 번져가는 하늘을 바라보며 말한다. "뭔가 멋진 게 보여."

영화는 2017년 출간된 제시카 브루더[37]의 논픽션 '노매드랜드: 21세기 미국에서 살아남기'를 토대로 제작되었다. 아버지한테 물려받은 접시가 깨진 분노도, 삶의 터전을 잃은 슬픔도, 세월에 대한 회한도, 폐차 위기에 처한 유일한 거처인 밴에 대한 안타까움도, 몇 안 되는 세간살이에 대한 집착도 서서히 내려놓는다. 노매드랜드는 비울 때 채워지는 오묘한 우주의 원리를 담담하게 속삭여준다.

---

37 제시카 브루더(Jessica Bruder): 미국의 기자. 2015년에 제임스 애런슨 사회정의 저널리즘상을 수상하였으며 서브컬처와 경제의 어두운 면을 주로 다룬다. 컬럼비아 대학 저널리즘 스쿨에서 강의하고 있다.

마음의 빛 21 **감성과 감수성**

로고테라피의 창시자 빅터 프랭클은 독일군에 의해서 유대인이라는 이유로 아우슈비츠 감옥에 갇힌다. 고된 노역을 마치고 모인 수용자들 중에서 한 사람이 노을을 보면서 감탄을 했다. 그러자 모두들 그 노을 쪽으로 시선을 둔 채 함께 노을을 누렸다. 그때의 일을 프랭클은 벅찬 감동으로 기록했다. 감성은 마음으로 보는 것이고 감정은 마음의 빛깔을 내는 것, 감수성은 마음의 빛과 향기를 내는 것이다. 감성과 감수성이 활발할 때 긍정 에너지가 작용하게 된다.

삶의 신비

정신건강의 빨간불이 켜졌다. 최근 보건복지부 조사에 의하면, 우리나라 전체의 자살시도자는 최근 일 년 사이 4.7% 증가했다. 특히 20대 여성 자살 시도자는 전년도 보다 33.5%나 증가했다. 10대 여성 자살 시도자도 2016년보다 두 배 넘게 늘었다. 우울증, 공황장애 진단을 받은 이들도 최근 3년간 20대가 가장 많았다. 게다가 작년 상반기 20대 여성 자살률은 그 전해보다 43% 급증하였다. 이 모든 것은 전부 코로나19 탓인 걸까?

지금은 위기 상황인 것이 틀림없다. 살아갈수록 깨닫게 되는 것이 있다. 삶이 마음대로 되는 것이 아니다. 꽃길만 걸을 수는 없다. 언젠가는 꽃길을 걸을 것이라고 기대하는 것은 어떤가? 끝도 없이 이어지는 진흙탕 길을 꾹꾹 눌러 참고 있으면 될까? 섣부른 기대나 희망은 도움이 되지 않는다. 삶은 선택이다. 어떻게 바라보고 받아들이냐는 것이 삶을 판가름한다. 인간이라는 존재는 여인숙과 같다. 매일 아침 새로운 손님이 도착한다. 기쁨이나 즐거움이 올 수 있다. 때로는 절망과 슬픔, 낙담과 괴로움이 찾아들 수도 있다. 피하고 싶거나 원하지 않았던 상황이 닥쳐올 수도 있다. 이 모두를 환영하고 맞아들이는 것은 말이 되지 않는다. 원하는 것은 반색할 수 있지만, 부정적인 것들은 문전박대하고만 싶다. 그렇지만 그저 모든 것을 그대로 맞이해보라. 떼거리로 몰려와서 나를 몽땅 쓸어가버리고 휘몰아쳐 와서 정신을 잃게 되더라도 그들을 있는 그대로 존중해보라. 괴로움과 아픔의 바닥까지 내려가 보라. 어두운 생각이나 후회, 수치까지도 웃으면서 맞이해보라. 그들을 안으로 초대해서 감사해보라. 이 모든 손님들은 멀리에서 보낸 안내자들이므로. 13세기 페르시아 시인인 잘랄루딘 루미[38]의 시 '여인숙'의 내용이다. 매몰차게 거절하고 싶은 감정들이 바로 나인 것은 아니다. 늘 머물렀으면 좋겠다고 여기는 상황이 나인 것도 아니다. 나는 여인숙의 주인이다. 객들은 와서 머물렀다가 가는 존재다. 거부하거나 부인하면 객은 자신들이 존재를 잊어버린다. 객이 주인 노릇을 하려 드는 식이다. 오래 머물게 되면서 나는 그것이 곧 나라는 착각까지 하게 된다. 감정이나 상황의 파노라마들을 있는 그대로 맞이해보자. 이 모

---

38 잘랄루딘 루미: 1207년 페르시아 문화권의 호라산의 발흐 출생. 1273년 사망. 수피계열의 메블라나 교단을 창시한 시인이자 이슬람 법학자, 철학자. 사랑과 자신과 신과의 합일을 주장하여 이를 가르치고 시로 지음.

든 것이 내 영혼의 성장을 위해 보낸 손님이라고 바라보자. 성숙해지기 위해서라면 반드시 고통의 과정을 겪게 되므로.

내 삶은 다만 내 것이 아니다. 내 삶의 주인도 다만 내가 아니다. 이 땅에 태어나게 하고 내면을 성장시키는 것은 오로지 내가 하는 것도 아니다. 나는 다만 여인숙의 주인일 뿐. 원래의 집은 이 땅에 있지 않다. 원하지 않는 손님을 환영하고 부정에도 감사할 수 있다면 '극복'이라는 신비 속으로 걸어갈 수 있을 것이다. 그때마다 우리는 신의 영광을 보게 될 것이다.

마음의 빛 22 잘랄루딘 루미의 시 '여인숙'

인간이라는 존재는 여인숙과 같다. / 매일 아침 새로운 손님이 도착한다. // 기쁨, 절망, 슬픔 / 그리고 약간의 순간적인 깨달음 등이 / 기대하지 않았던 방문객처럼 찾아온다. // 그 모두를 환영하고 맞아들여라. / 설령 그들이 슬픔의 군중이어서 / 그대의 집을 난폭하게 쓸어가 버리고 / 가구들을 몽땅 내가더라도. // 그렇다 해도 각각의 손님을 존중하라. / 그들은 어떤 새로운 기쁨을 주기 위해 / 그대를 청소하는 것인지도 모르니까. // 어두운 생각, 부끄러움, 후회 / 그들을 문에서 웃으며 맞으라. / 그리고 그들은 안으로 초대하라. // 누가 들어오든 감사하게 여겨라. / 왜냐하면 모든 손님은 저 멀리에서 보낸 / 안내자들이니까.

스마트한 삶

스마트 폰을 끼고 살고 있는 당신, 당신의 삶은 스마트하신가? 스마트 폰은 '기다림'을 소거시킨다. 언제 어디서나 닿을 수 있는 연락 덕분에 그리움 따위야 증발한 지 오래다. 검색을 하면 얼마나 많은 정보들이 튀어나오는가. 인터넷은 결코 감추는 미덕 따위는 없다. 우리는 엇비슷하게 숱하게 쏟아지는 정보의 홍수 속에 빠져 허우적대는 꼴로 살고 있다. 스마트 폰은 자제력을 상실하게 한다. 기기가 빠른 반응을 하지 않는 것을 못 견딘다. 게다가 화면을 빠르게 훑고 지나가는 눈과 액정화면이나 문자를 누르는 손가락이 우리의 감각을 주도하고 있다. 스마트폰 같은 첨단기기는 현대인들의 상호작용 방식을 변화시킨다. 미국 일리노이주립대학 가족 소비자학과 브랜든 맥대니얼 교수 연구팀은 심리학회지 '아동 발달(Child Development)'에 실린 논문에서 "습관적으로 스마트폰 확인을 자주 하고 스마트폰이 없으면 불안해하는 등 부모가 첨단기기에 집착하는 경우 어린 자녀의 문제행동을 유발할 수 있다."고 하면서 "우리는 현재 첨단 테크놀로지 시대를 살고 있으며, 첨단기기는 우리의 관심을 흡수하도록 고안됐다."고 밝힌 바 있다. 우리는 첨단 기계 속에서 분리되고 개별적인 자아로 지낸다. 대인관계를 차단하게 되는 고립의 시대에 단절된 개체를 이루고 살아가고 있다. 이상한 일은, 시간은 아끼면 아낄수록 부족하게 된다는 것이다. 빠르게 서둘면 부지런하고 여유가 있어지는 것이 아니라, 촉박하고 다급하게 된다. 지금 우리에게는 헤테로토피아(Heterotopia)가 필요하다. '헤테로토피아'는 유토피아[39]의 파생어로 문자 그대로는 '다른 장소'라는 뜻이지만 '현실에 존재하는 다른 장소의 유토피아(Utopia)'를 의미한다. 그러므로 절대 닿을 수 없고, 상상으로만 존재하는 낙원과는 다른 세계다. 프랑스 철학자 미셸 푸코[40]에 의하면 사회 안에 존재하면서 유토피아적 기능을 수행하는 실제로 현실화된 유토피아적인 장소를 일컫는다. 호르헤 루이스 보르헤스[41]

---

39 유토피아(Utopia): 인간이 생각할 수 있는 최선의 상태를 갖춘 완전한 사회, 이상향을 뜻한다. 1516년에 라틴어로 쓴 토머스 모어의 소설 제목에서 유래했다.

40 미셸 푸코(Michel Foucault): 1926년 프랑스 푸아티에 출생. 1984년 사망. 프랑스의 철학자. 사회 제도에 대한 비판, 특히 정신의학, 의학, 감옥 제도와 성(性)의 역사에 관한 견해와 연구. 권력과 지식 사이의 복잡한 관계에 관한 이론을 밝혀왔으며, 사회 기관을 통해 어떻게 권력과 지식이 사회 통제의 형태로 사용되는지에 관한 문제를 다루었다.

41 호르헤 루이스 보르헤스(Jorge Francisco Isidoro Luis Borges): 1899년 아르헨티나 부에노스아이레스 출생. 1986년 스위스 제네바에서 사망. 아르헨티나의 소설가, 시인, 평론가이다. 1955년부터 1973년까지 아르헨티나 국립도서관의 관장직을 맡았다. 1920년대에 '도시의 아방가르드(남아메리카에서 일어난 극단적인 모더니즘 운동)'를 주도하였다. 연작 형태의 짧막한 이야기들로 구성된 독특한 소설 《픽션들》(1940), 《알레프》(1949), 《칼잡이들의 이야기》(1970) 등의 작품들이 있다.

식으로 말하자면 '알레프(aleph)[42]가 있는 곳이다. 즉, 모든 각도에서 본 지구의 모든 지점들이 뒤섞이지 않고 있는 곳, 순수한 에너지가 충만한 곳이다. 파울로 코엘료(Paulo Coelho)식으로 말하자면, 그것은 사랑이며, 시간을 초월해서 존재한다. 즉, 사랑은 하나의 지점인 알레프 안에 존재하는 끊임없이 변모하는 시간과 공간이다.

아무한테도 그 누구한테도 위로와 이해를 받지 못하는 순간에 헤테로토피아에 갈 수 있다면, 살아갈 에너지가 더할 나위 없이 충족될 것이다. 그곳은 햇살이 빛다발을 함부로 던져대는 바다, 무수한 꼭짓점을 내려놓으며 흐르는 물살, 살아보지 못한 곳에서 살지 못했던 나이의 나와 만나는 장소이다. 그곳에서는 어차피 스마트폰을 꺼야 한다. 이제 우리의 관심은 자기 자신의 내면으로 향해야 한다. 그렇게 할 때 헤테로토피아는 바로 내 안에 있음을 우리는 마침내 기억해낼 것이다.

---

42 알레프(Aleph): 히브리 문자에서 알레프는 첫 번째 글자이다. '알레프 수'라고 할 때 무한 집합의 크기를 의미한다. 또한, 호르헤 루이스 보르헤스와 파울로 코엘료의 소설 제목이자 모티브이기도 하다.

<u>마음의 빛 23</u> 헤테로토피아

미셸 푸코가 '헤테로토피아'라는 개념을 처음으로 사용한 것은 1966년 4월에 출간한 『말과 사물』에서였다. 완벽하지만 실제로는 존재하지 않는 세계가 유토피아라면, 헤테로피아는 직접 체험하는 현실화된 장소이지만, 모든 장소의 바깥에 있는 장소라는 점에서 모호하고 추상적이다. 현실에서 경험했기에 빛나는 추억 속에 자리한 그리운 장소라고 볼 때, 헤테로토피아는 순수한 에너지가 충만한 '알레프' 적인 공간이라고 할 수 있을 것이다.

시간과 나이

시간은 사정없다. 문득 날짜를 보면 깜짝 놀라곤 한다. 벌써 한해의 절반이 흘러가려 하고 있다. 어쩌겠는가. 태어나자마자 시간은 마지막을 향해 달려가고 있다. 이 명백한 진실 앞에서 겸허할 수 있는가, 혹은 악을 쓰며 조금이라도 속이려 드는가. 놀라운 것은 시간에 대한 태도가 삶을 결정 짓게 된다는 사실이다.

그리스 신화 속에서 시간은 두 존재로 구분된다. 제우스의 아버지 크로노스는 아들이 태어나는 족족 먹어 치운다. 한번 지나간 시간은 절대 돌아오지 않기 마련이다. 이런 3차원의 속성을 지배한 제우스는 신 중의 신이 된다. 크로노스가 일반적인 시간의 신을 가리킨다면, 제우스의 막내아들로 기회의 신인 카이로스가 있다. 그를 묘사한 동상은 이러하다. 앞머리는 숱이 무성하고 뒤통수에는 머리가 없다. 양발 뒤꿈치에는 날개가 달려있고 한 손에는 저울을 잡고 다른 손에는 낫을 들고 있다. 뒷머리가 없는 것은 한번 지나가면 다시 잡을 수 없어서이며 날개 달린 발은 최대한 빨리 사라지기 위해서다. 저울은 옳고 그름을 판단하기 위해서고 낫을 든 이유는 결단하기 위함이다. 희망은 기회를 힘입고 큰다. 기회가 상실되었다고 느끼면 절망하기 마련이다. 나이가 들수록 기회는 없어지는 것만 같다. 건강, 부, 명예, 권력, 외모와 같은 눈에 보이는 것들이 눈에 띄게 빛을 잃는다. 그게 견딜 수 없어서 악을 쓰게 된다. 조금이라도 젊어 보이고, 아직은 돈을 번다는 사실, 지금은 건강하다는 것에 대해 자랑한다. 100세 나이에도 정정하게 전국 순회 강의하는 것을 꿈꾼다. 그러면서 되뇐다. 기회는 잡아야지! 놓치면 안 돼! 그러는 동안 결정적으로 놓치는 것이 있다. 바로 근원, 영혼의 중심이다.

철학자 롤랑 바르트[43]는 '카메라 루시다'에서 '스투디움'과 '푼크툼'을 등장시켰다. 스투디움(studium)은 열성적이며 호의적인 장면을 말한다. 반면, 푼크툼(punctum)은 라틴어로 '점'이란 뜻으로 화살처럼 꽂혀오는 강렬함이다. 누구나 주어진 시간만큼 자신만의 무대에 서게 된다. 이 크로노스[44]적 시간에서 푼

---

43 롤랑 바르트: 1915년 노르망디 셰르부르 출생. 1980년 사망. 프랑스의 구조주의 철학자이자 기호학자, 비평이론가로, 구조주의 비평과 해체비평, 구조주의와 후기구조주의, 모더니즘과 포스트모더니즘을 포괄하여 연구하였다.

44 크로노스(Kronos): 그리스어로 '크로노스(Kronos)'는 연속적이고 순환적인 시간을, '카이로스(Kairos)'는 순간이나 주관적인 시간을 뜻한다. 시간은 누구에게나 동일하게 주어지고 흘러가지만, 그 시간을 자신만의 특별한 시간으로 창조한다는 면에서 '카이로스'를 '기회의 신'이라고 일컫기도 한다.

크툼은 어느 순간에 이뤄지는 카이로스다. 그것은 눈에 보이는 명백한 '자히르(zahir)[45]'이기도 하고, 숨겨진 '바템[46](batem)'이기도 하다. 종국에는 파울로 코엘료식으로 말하자면, '알레프'로 가기 마련이다. 알레프는 모든 각도에서 본 지구의 모든 지점들이 뒤섞이지 않고 있는 곳, 우주가 들어있는 곳이다.

삶의 기회는 인격의 성숙 속에 있다. 인간성을 잃게 하는 것을 낫으로 베어내고 내면을 저울질하면서 나가는 것이 '기회'다. 혹시 치매라도 걸려 그런 분별력조차 잃어버리면? 인지력이 현저히 떨어져서 성찰할 수도 없다면? 그것 또한 있는 그대로 받아들일 수 있는 기회다. 그럼에도 불구하고 자신을 사랑한다는 것은 얼마나 독특한 기회인가. 사랑의 실체는 살아나가는 것이다. 카이로스는 자히르 혹은 바템의 향기를 가진 푼크툼으로 찾아온다. 그때, 신의 숨결을 고스란히 느끼게 될 것이다. 그것이 기독교 신비가들이 일컫는 '눙크 플루엔스[47]', 스쳐 가는 현재가 아니라 '눙크 스탄스', 영원한 현재로 확장되는

---

45 자히르(Zahir): 파울로 코엘료의 소설 《오 자히르》에 따르면, 자히르는 아랍어로 '눈에 보이며 실제로 존재하고 느낄 수 있는 것. 일단 그것과 접하게 되면 서서히 우리의 사고를 점령해나가 결국 다른 무엇에도 집중할 수 없게 만들어버리는 어떤 사물 혹은 사람'이라는 의미를 가지고 있다.

46 바템(bottom): 그릇의 아래쪽처럼 눈에 잘 보이지 않는 바닥 면을 뜻한다. 이것은 〈코란〉 57장 3절에 언급된 알라신의 속성 중의 하나이다. "그분은 처음이자 마지막이시며, 눈에 보이시며(zahir), 숨겨진(batem) 분이시다'. '눈에 보이는'과 '숨겨진'의 이분법은 〈코란〉을 해석하는 두 가지 방법으로 반영된다. '자히르'는 〈코란〉을 글자 그대로 읽는 것이며, '바템'은 숨겨진 의미 혹은 비밀의 의미를 찾는 것이다.

47 눙크플루엔스(nuncfluens):라틴어로흐르는현재,스쳐가듯덧없이질주하는현재를일컫는다. 반면라틴어'눙크스탄스(nuncstans)'는멈춰서있는지금,정지된현재,영원한현재를의미한다.

것이다. 그리하여 삶의 마지막 날까지, 그 모든 것이 선물처럼 주어져 있다.

마음의 빛 24 카이로스(Kairos)

전해 오는 그리스 신화 속 기회의 신인 카이로스의 말은 이러하다. "앞머리가 무성한 이유는 사람들이 내가 누구인지 금방 알아차리지 못하게 하기 위해서이지만, 발견했을 때는 쉽게 붙잡을 수 있도록 하기 위해서다. 뒤가 대머리인 이유는 내가 지나가고 나면 다시는 나를 붙잡지 못하게 하기 위해서며, 발에 날개가 달린 이유는 최대한 빨리 사라지기 위해서다. 왼손에 저울이 있는 것은 일의 옳고 그름을 정확히 판단하라는 것이며, 오른손에 칼이 주어진 것은 칼날로 자르듯이 빠른 결단을 내리라는 것이다. 나의 이름은 '기회'다." 이를 바탕으로 묘사한 예술 작품 속에서 카이로스를 찾을 수 있다.

지금은 꿈을 꿀 때

꿈은 자유다. 자유롭게 꿈을 꿀 수 있다는 뜻으로도 읽을 수 있겠지만, 그런 의미로 쓴 말이 아니다. 꿈은 말 그대로 자유다. 꿈을 가질 수 있다면, 자유를 누리고 있는 것이다. '꿈'이 '자유'라는 사실을 깨달은 것은 영화 '쇼생크 탈출'로 인해서이다. 주인공 앤디는 누명을 쓰고 감옥에 갇힌 지 20년 만에 탈출한다. 영화를 본 이들은 기억할 것이다. 억수로 쏟아지는 비를 온몸으로 맞으며 마지막 통로를 빠져나온 그가 양팔을 치켜올리며 환호하던 장면. 비로소 오랜 세월 동안 앤디가 산책 시간에 교도소 내 운동장을 유유히 걸어 다녔던 이유를 알 수 있게 된다. 그는 매일, 매 순간, 꿈을 꾸고 있었던 것이다. 은밀하고도 위대하게!

철학자 니체(Nietzsche)는 "왜 살아야 하는지 아는 사람은, 그 어떤 어려움도 이겨낼 수 있다."고 했다. 살아야 하는 이유를 아는 것은 자각하는 삶을 말한다. 존재의 이유를 알아차릴 수 있다면 바로 '자유'가 무엇인지 깨달을 수 있을 것이다. 우리는 모두 삶이라는 감옥에 갇혀 있는 무기수이다. 살아가는 동안 '꿈'은 우리를 견뎌내고 이겨내게 해준다. 삶을 벗어나야 제대로 만끽할 수 있는 '자유'를 그나마 알 수 있게 하는 것은 바로 '꿈'이다. 해서 니체의 말은 이렇게 해석할 수 있다. "꿈을 가진 사람은 그 어떤 어려움에도 이겨낼 수 있다." 꿈은 영혼을 성숙하게 한다. 꿈을 꿀 나이가 정해져 있는 것도 아니다. 꿈을 꾼다면, 그 나이가 꿈꾸기에 적합한 나이다. 노인의 시기는 꿈을 꾸기 가장 마침맞은 때라고 할 수 있다. 젊은 시절 벌어먹고 사느라 미처 하지 못했던 꿈들을 이제는 이룰 수 있는 나이이기 때문이다. 살아갈 날이 얼마 남지 않은 때라면, 더욱 절실해진다. 꿈을 꾸고 실행해가는 것은 참으로 멋진 일이다. 더 이상 바쁘다는 핑계를 대지 않아도 되니, 퇴직 이후라면 더할 나위 없다. 그런데도 노인들은 꿈을 꾸지 않는다. 대신 바쁘다. '인생의 이모작'을 하기에 여념이 없다. 퇴직 이후 다른 일을 계획하고 이왕이면 돈벌이가 되는 일을 하기 위해 혈안이다. 여전히 '꿈'은 중요하지 않다. 혹자는 어린 시절부터 간절히 원했던 모습을 조금이라도 닮아가려고 고군분투한다. 대부분 '꿈'이 아니라 욕망을 쫓아간다. '꿈'을 사전에서 찾아보면 '실현하고 싶은 희망이나 이상'이라고 되어 있다. 대개는 '꿈'이라는 이름을 빌려서 으스대고, 자만심을 키우고, 칭찬과 부러움을 사려고 하기 십상이다. 모든 꿈이 진정한 꿈은 아니다. 꿈을 꾼다는 명목으로 스스로를 옭아매고 있지는 않은가? 꿈을 실현해 나가는 동안 일어나는 어려움을 이겨내면서도, 심지어 주위에서 미쳤다는 소리를 듣더라도 '자유'를 누리고 있다면 그것이 바로 진정한 꿈이다. 노인뿐만 아니다. 젊은이들조차 '꿈'이라면 '돈벌이'와 연관되어 생각할 뿐이다. 어떤 직업, 진로를 결정할 때 진정한 꿈이 아니라 '꿈인 척하는 꿈'을 내세운다. 어떻게 하면 추앙을 한 몸에 받고 부와 명예를 거머쥐고 살 수 있을까 하는 '꿈'은 자신을 속박한다. 물질적 가치에 초점을 맞출수록 꿈은 그저 꿈이다. 꿈으로 인해 스스로를 닦달하고 불안해한다면 그것은 진정한 꿈이 아니다.

이제 제대로 된 꿈을 꾸고 실행에 옮겨야 할 때이다. 우리의 삶은 그렇게 길지 않다. 어떤 꿈을 꿀 때, 내면의 속삭임을 충분히 들었는가? 그 꿈을 생각만 해도 들뜨고 열정이 가득한가? 누군가에게 나눠주고 도움이 될 수 있는가? 그 꿈을 떠올렸을 때 행복한가? 그리고 무엇보다 당신은 자유로운가? 이 물음들에 긍정적인 대답을 했다면, 당신은 분명 '꿈을 꾸는 자'일 것이다.

꿈

지향점이 어디냐에 따라 꿈의 판로가 확고하게 나뉜다. 보이는 것 위주로 자아를 앞세울 때 꿈은 불안하고 초조해진다. 간혹 만족을 느껴도 쾌락에 불과해서 오래가지 못한다. 더 큰 욕망을 꿈꾸며 걷잡을 수 없어진다. 보이지 않는 내면으로 자기실현을 향해 나갈 때 꿈이 성취될 뿐만 아니라 어느새 꿈이 따라와서 자신을 받쳐준 사실을 깨닫게 된다. 우주의 에너지, 신의 섭리 안에서 꿈을 꾸고 그 길을 왔기 때문이다.

생애 꼭 해야 할 말

두려움이 엄습하고 있다. 인간이 가질 수 있는 최대의 두려움은 '죽음'이다. 코로나19 사태로 인해 여러 변화들이 일어났다. 예기치 못한 상황들은 앞으로도 일어날 것이다. 그 와중에 코로나19는 인간에게 공통된 사유를 던져주었다. 바로 언제 죽을지 모른다는 자명한 사실이다.

죽음은 누구나 피하고 싶은 주제이다. 우리나라의 관습으로는 '죽음'을 입 밖에 꺼내는 것을 꺼린다. 특히 노인한테는 더욱 그렇다. 그렇지만 올해 들어서 한 번쯤 '죽음'을 떠올려보지 않은 사람은 없을 것이다. 누가 언제 코로나19에 걸릴지 모를 일이다. 어디가 안전한지도 알 수 없다. 발병 후 살아나고 죽는 것조차 기약이 없다. 게다가 언제 완전히 종식될지, 이런 사태가 언제까지 반복될 것인지도 모른다. 한 치 앞을 모르는 인간의 한계가 여실하다. 죽음이 도처에 있다. 생각해보면 우리는 매 순간 죽고 산다. 되돌릴 수 없는 시간 속에서 살고 있다. 물리적 흐름을 내려놓고 보자면, 답은 달라진다. 우리는 죽지 않는다. 살아왔던 순간들은 그대로 살아있다. 지나쳐온 과거 모두를 기억할 수는 없지만, 인상적인 순간들은 생생하다. 감정과 생각을 떠올려보면 방금 겪은 것같이 고스란히 드러난다. 마음 안에 고이 간직한 시간은 흘러가지 않는다. 바로 이 점에서 긍정과 부정이 나뉜다. 간직한 기억 속에서 긍정으로 인식하게 되면, 긍정적 에너지가 삶을 그렇게 이끈다. 부정의 인식은 또한 부정적 삶으로 끌어당긴다. 이미 벌어진 상황을 변하게 할 수는 없지만, 어떻게 인식하느냐에 따라 현재의 삶이 변화한다. 바로 이 지점에서 심리 정신치료가 개입한다. 상처 난 기억을 일부러 비틀어 억지 긍정을 부려보는 것이 아니다. 과거의 상황을 있는 그대로 바라보고, 그 상황이 나에게 주는 전언에 마음을 기울여보는 것이다. 견뎌오고 살아낸 현재의 시점에서 과거를 보면 인식은 한가지로 귀결된다. 바로 '용서'와 '사랑'이다. 정신분석학자 프랑수아즈 돌토[48]는 자식이 부모를 선택한다고 말했다. '생의 마지막 순간, 마주하게 되는 것들'의 저자 기 코르노[49]는 여기서 '선택한다'는 말을 영혼이 자신의 기호가 발휘될 수 있는 장소에 끌리게 된다는 의미로 해석한 바 있다.

48 프랑수아즈 돌토: 1908년 프랑스 파리 출생. 1988년 사망. 프랑스의 소아과 의사, 정신 분석가.
49 기 코르노(Guy Corneau): 1981년 취리히 융 연구소 수학. 1976년 몬트리올 대학교 교육 과학과 석사. 북미와 유럽 전역에서 치유심리학자로 널리 알려져 있다.

혹시라도 임종을 앞둔 가족이 있다면 반드시 해야 할 말이 있다. '용서'를 청하는 것이다. 받아야 한다고 생각할 수도 있겠지만, 그렇지 않다. 손을 내밀 때, 기적처럼 평온이 찾아온다. "미안합니다. 용서해주세요. 사랑합니다." 생전에 이 말을 미처 하지 못했다면, 지금이라도 늦지 않다. 여전히 살아있는 마음의 시간 속에서 청하면 된다. 그것이 결국 내 삶을 긍정으로 이끌 것이다.

마음의 빛 26 **마음**

인간의 육체는 3차원적이지만, 마음은 4차원 이상이다. 마음이 가지 못하는 곳이란 없다. 과거나 미래로 가기도 하지만, 이 땅을 벗어난 다른 차원으로도 갈 수 있다. 그것도 순식간에 그럴 수 있다. 마음의 힘을 활용한다면, 이미 작고한 분도 충분히 만날 수 있다. 생전 못했던 말을 할 수도 있지만, 그분과 마음을 합해서 답을 들을 수도 있다. 이러한 놀라운 마음의 작용을 활용하는 심리치료 기법이 심상 시치료이다.

경계에 관하여

아이를 안고 코끼리한테 다가간 남자는 어떻게 되었을까? 아이는 코끼리의 코를 만지며 까르륵 웃고, 코끼리는 남자를 등에 태웠을까? 캘리포니아주 샌디에이고 동물원에서 두 살 난 아이를 안고 코끼리 울타리에 들어간 아빠는 봉변을 당할 뻔했다. 코끼리가 달려들자 급히 몸을 피했다. 위스콘신 밀워키 동물원에도 같은 행동을 하려는 남자가 있어 사육사들의 신고로 제지된 바 있다.

우리는 종종 현실과 환상을 혼동한다. 애니메이션에서 봤던 코끼리는 더할 나위 없이 다정하다. 7미터가 넘는 몸에 6톤이 넘는 몸무게를 가진 초식 동물이 지닌 온순함은 순전히 성정일 것이라고 여긴다. 코끼리는 오랫동안 인간에게 복종해왔다. 운송 수단이기도 했고, 전쟁에 투입되기도 했다. 맹수를 압도할 만큼 힘이 센 코끼리를 인간은 어떻게 통제해왔나? 코끼리를 길들이는 방법은 잔혹하다. 생후 2년도 채 안 된 새끼를 어미로부터 강제로 떼어오는 것부터 시작한다. 열흘가량 나무에 묶어놓고 온몸을 찌르고 때린다. 이를 '파잔(Phajaan)의식'이라고 한다. 태국에서는 전체 코끼리의 4분의 1 이상이 이런 의식을 거친다. 몸을 전혀 움직이지 못하면서 코끼리는 체념과 절망을 배우게 된다. 이들의 일부는 학대받아 죽고, 일부는 식음을 전폐하거나 실신해서 죽는다. 살아남은 코끼리들은 뇌에 장애가 생긴다. '마후트'라고 불리는 조련사들은 말을 듣지 않으면 '불후크(Bullhook)'라는 날카로운 쇠갈고리로 코끼리들을 사정없이 찌른다. 두들겨 패서 듣게 하는 식이다. 이들이 노역이나 공연, 관광용 코끼리가 되는 것이다.

한편, 인도나 스리랑카에서는 좀 더 다른 방식으로 훈련 시켜왔다. 코끼리를 잡아 와서 흥분이 가라앉을 때까지 놔둔다. 긍정적 강화로 좀 더 온건하게 다루기도 한다. 하지만 야생 코끼리를 길들이면서 위협적이고 교묘한 통제가 뒤따르지 않을 수 없다. 돈을 벌려는 인간의 욕심 때문에 가차 없이 희생당하는 셈이다. 작정하면 얼마든지 없앨 수 있는 인간한테 벌벌 떠는 코끼리는 이미 정신이상 증상을 겪고 있는 것이다.

코끼리뿐만 아니다. 인간이 인간한테 파잔 의식을 치르는 사례도 부지기수다. 자식, 배우자, 지인 위에 군림하며 도망치

지도 못하게 만든다. 경계(境界)만 지켜도, 울타리만 넘지 않아도 이를 경계(警戒)할 수 있다. 혹시 내가 가까운 이한테 심리적 경계를 함부로 밀치고 들어가지는 않나? 상대방을 무시하고 마음 내키는 대로 마음의 울타리를 침범하지는 않나? 내가 원하는 대로 따라와 주지 않는다고 비난하지는 않나? 내가 이끄는 대로 해야만 겨우 칭찬하지는 않나? 모든 것을 내 중심에서 내 욕망에 따라 상대방을 길들이고 있지는 않나? 부디, 스스로 경계해야 할 것이다.

마음의 빛 27 경계(境界)와 경계(警戒)

경계(境界)는 어떠한 기준에 의해서 분간해서 짓는 한계를 의미한다면, 경계(警戒)는 옳지 않은 일이나 잘못된 일을 하지 않도록 타이르고 주의하는 것을 의미한다. 앞의 경계를 내 주위의 존재를 배려하고 존중하자는 의미로 썼다면, 뒤의 경계는 뜻밖의 사고가 생기지 않도록 조심해서 단속하자는 의미로 쓴 것이다.

슬기로운 장마 극복

장마가 한창이다. 사위가 눅눅하고 추적거린다. 산뜻하고 싱그러움이 필요할 때다. 주변에서 그런 기운을 찾기란 쉽지 않다. 진정한 힘은 내면에서 나온다. 처진 마음을 햇살에 환하게 말려보는 건 어떨까?

방법은 의외로 간단하다. 아늑하고 평강한 곳을 상상해보자. 바닷가여도 좋고 숲속이어도 좋다. 별이 쏟아지는 초원이나 오로라가 펼쳐진 북극이어도 된다. 제대로 상상력을 동원하기 위해서는 눈을 감아보자. 마음의 눈을 뜨면, 놀라운 일이 일어난다. 순식간에 그곳으로 가게 된다. 조금 더 자세히 살펴보자. 해안가 비치 파라솔 아래 누워있는 내가 있다. 파란 하늘이 바다와 닿는 수평선이 펼쳐져 있다. 갈매기가 날아가고 햇살이 축복처럼 퍼지고 있다. 이 모든 것이 요술처럼 일어난다. 그 외 옵션은 얼마든지 자유롭게 선택하시라. 사이버 세계에 빠지는 것과 같다고 할지 모르지만, 완전히 다르다. 가상 공간에 있다가 전원을 끄면 허무가 밀려오지만, 상상의 체험을 하고 오면 오래도록 은은하게 남는다. 이런 방식이 터무니없다고 여길지도 모른다. 우울에 시달리고 있는 경우라면 말이다. 심리학자 아론 벡에 의하면 우울증이 있는 사람들은 세 가지 인지 모형을 가지고 있다. 자기 자신과 자신의 경험, 미래에 대한 부정적이고 비관적인 판단을 한다는 것이다. 이를 인지삼제(認知三題)라고 일컫는다. 자신은 상실, 실패, 무능으로 똘똘 뭉쳐져 있고, 눈덩이처럼 부정이 자라고 있다고 믿는다. 세상은 극복 불가능하고, 늘 과도하게 자신을 몰아세울 뿐이라고 여긴다. 이렇다면 안락하고 아름다운 장소를 상상하는 것은 사치일 것이다.

비법을 말하려고 한다. 역시 상상력을 활용해보자. 내 마음속에 살아가는 '나만의 새'를 떠올려보자. 이 새는 비판이나 비난을 하지 못한다. 오로지 위로와 격려를 하며 포근하게 품어주기만 한다. 마음의 정중앙에 존재하는 빛의 에너지를 받으며 살아간다. 그러니 결코 줄어들거나 사라지지 않는 새이다. 생명을 받았을 때부터 있었지만, 이름을 불러줘야만 비로소 알아차릴 수 있는 새이다. 이 새가 어떻게 생겼는지, 어떤 빛깔을 가졌는지 상상해보자. 그리고 이름을 붙여주고 불러보자. 새에 대한 극도의 혐오가 있다면, 날개를 가진 천사를 떠올려도 된다. 이 존재가 나에게 무엇이라고 하는지 눈을 감고 떠올려보자. 위로가 절실한 과거로 보내어 새의 메시지를 들어봐도 좋다.

삶의 장마가 그치는 경험은 외부에서 오는 것이 아니다. 호우 경보가 발생한 날에도 마음의 날씨는 화창할 수 있다. 그것이 바로 빛으로서의 인간인 호모 룩스(Homo Lux), 신이 주신 놀라운 은총이다.

<u>마음의 빛 28</u> **나만의 새 기법**

통합 예술·문화 치유인 심상 시치료 기법인 '나만의 새'는 마음의 무한한 상상력을 활용한 기법이다. 오로지 위로와 격려만 할 줄 아는 나만의 새는 내가 잉태되던 순간부터 나와 함께 해온 슬기롭고 포근한 존재다. 새의 크기, 모양, 특징을 구체적으로 떠올려보자. 독특한 모습에 맞게 이름을 지어 불러주자. 이름을 불러주었을 때 비로소 나는 그 새의 존재를 알아차릴 수 있다. 새의 이름을 세 번 부르면 언제 어디서나 만날 수 있다.

꽃보다 아름다운 인간

인간은 만물의 척도이다. 있는 물질에 관해서는 있다는 것의, 있지 않은 물질에 관해서는 있지 않다는 것의 척도를 자신의 견해로 효과적으로 주장할 수 있어야 한다. 그리스 철학자 프로타고라스의 명제이다. 단언하자면, 이 말은 지극히 위험하다.

인간은 해롭고 이로운 것을 인간만의 지각으로 판단해왔다. 해로운 것은 죽이고, 이로운 것은 장려했다. 문화나 패러다임도 그러하다. 옳고 그름에 대한 확고한 가치 판단 기준이 사회와 문화를 변혁시켜 왔다. 성장을 위해서는 반드시 가치관을 가져야 한다. 개인이든 사회든 그러하다. 중용을 잃어버렸을 때, 역효과가 나타나듯이 가치관 또한 그러하다. 정치나 종교 이야기를 하면 싸움으로 끝난다는 말이 있을 정도다. 알고 보면, 그 가치관도 각고의 노력으로 갈고 다듬은 것도 아니다. 주로 청소년 시기를 거쳐 이뤄지는 가치관은 양육자와 속한 사회의 분위기에 자신도 모르게 형성된 것이다. 가치관은 성격과 맞닿아 있다. 인간은 7세까지 결정적인 성격이 이뤄진다. 부드럽고 따뜻하고 애정 가득한 환경이라면 더할 나위 없겠지만, 그런 경우는 참으로 드물다. 여러 가지 이유에 의해서인데, 간추리자면 삶은 냉혹하고 사회는 혹독하다. 뜻한 대로 이뤄지는 일이 드물다. 개개인의 고난과 역경도 녹록지 않다. 성취보다 절망이 더 많은 것이 인생이다.

가치관은 자신도 모르는 사이에 곳곳에서 활보한다. 가까운 사이, 가족이나 친구한테도 여지없다. 왜 그렇게 행동하고 사고하는지 혀를 찰 일이다. 손사래를 치거나 비난의 눈치를 주기 일쑤다. 심지어는 자신한테도 가차 없다. 내가 왜 그랬을까 하는 후회로 자신을 들들 볶는다. 그러자니 칭찬을 할 수가 없다. 도무지 이해할 수 없는 행동을 하는데 무슨 칭찬이람? 칭찬받을 행동을 해야 칭찬을 하지. 이런 시선을 통해 부정은 부정을 낳는다. 이것은 에너지 문제다. 부정의 시선을 거두지 않으면 더욱 악화일로를 걷게 된다. 잣대만 들이밀면 희망은 없다. 인간이 꽃보다 아름다운 것은 '변화'할 수 있기 때문이다. 성격도, 인격도 향기롭게 변화할 수 있다. 가까운 사람이 부디 그러하기를 바라는가? 당장 내 가치관으로 함부로 상대를 재단하려는 속셈부터 내려놓자. 상대방의 입장에서 생각해 보는

113

것이 다가 아니다. 양자 물리학을 삶 속에 적용해 본다면, 놀랄 만한 일이 일어난다. 품고 바라보는 생각에 따라 달라진다. 내가 가진 에너지대로 상대방이나 상황이 거울처럼 반영한다.

매번 차고 올라오는 생각은 옳고 그름에 대한 가치관이다. 익숙한 것을 내려놓는 것은 쉽지 않다. 그렇지만 해낼 수 있다. 인간에게는 에너지의 흐름을 바꿀 수 있는 힘이 있다. 그것은 바로 따뜻하게, 긍정적으로 생각하며 상대방을 바라보는 것이다. 상황을 변화시키는 힘은 당신에게 달려있다.

마음의 빛 29 **변화**

인간은 변화하는 존재다. 그 변화가 추종하는 방향에 따라 긍정 혹은 부정으로 나뉜다. 육체를 쫓아가다 보면, 한계에 도달하기 마련이다. 육체의 변화는 성장과 퇴화의 수순을 밟기 때문이다. 반면, 내면은 그렇지 않다. 숨을 쉬는 순간까지 내면은 성장할 수 있다. 그것이 바로 진정한 의미에서의 희망이고, 꽃보다 아름다운 인간이라고 할 수 있는 이유다.

트라우마

트라우마[50]가 판을 치는 세상이다. 생각해보라. 오늘 하루는 어땠는가. 별일 없이 무난하게 하루를 보냈다면, 그것이야말로 축복이다. 진정한 축복을 누리기 위해서는 뉴스 방송은 보지 말 것, 인터넷이나 스마트폰을 보지 말 것, 그리고 신문에는 아예 눈도 돌리지 말 것. 그게 안 된다면, 우리의 일상은 별일이 없는 게 아니다. 그야말로 별 볼 일 투성이다.

몇 년 전, 우리의 이목을 집중하게 하는 뉴스가 있다. 중학생인 의붓딸을 살해한 서른한 살의 계부와 범행을 공모했던 친모 사건이다. 의붓딸은 비명으로 횡사하기 전, 계부가 자신을 폭력하고 성추행했다는 사실을 폭로했다. 딸은 목포 경찰서에 성추행과 강간 미수로 계부를 신고한 바 있다. 그런 후 보복 살해가 일어난 것이다. 더욱 놀라운 사실은 살해당했던 현

---

50 트라우마(trauma): 큰 상처를 뜻하는 라틴어에서 유래되었다. 정신에 지속적인 영향을 주는 격렬한 감정적 충격을 의미하며, 흔히 정신적인 외상, 충격적인 경험을 일컫는다.

장에 함께 있었던 친모이다. 미리 사다 놓은 노끈과 청테이프로 의붓딸을 묶은 뒤 목을 조르는 동안 친모는 두 살배기(생후 13개월) 아들을 안고 있었다. 자신이 낳은 딸이 평소에 농락당하고 잦은 폭행까지 당하다가 마침내 죽어가고 있는데도 이를 매몰차게 방관했던 어머니. 12살인 딸아이뿐만 아니다. 생후 13개월의 아들은 무기력하게 사건 현장을 목격한 셈이다. 태어난 지 불과 일 년 남짓한 어느 날에 뜻밖의 사건 현장에 내던져진 것이다. 아직 아무것도 모를 것 같지만, 그렇지 않다. 인간은 두 개의 기억 시스템을 갖고 있다. 내재적 기억(implicit memory)과 외현적 기억(explicit memory)이다. 내재적 기억은 무의식의 기억이며, 생후 바로 활성화된다. 정서적 기억, 신체 감각적 기억, 행동 기억 등이 이에 속한다. 이러한 기억들은 시간 개념이 없으며, 언제 어디서 경험했는지에 대한 정보도 없다. 특별한 집중 없이 그냥 저절로 입력된 기억들이다. 그래서 애쓰지 않아도 저절로 출력되어 나온다. 이 내재적 기억은 의식적으로 자각하지 못하고 논리적인 말로 표현하기 어렵지만, 일생을 통해 지속된다. 살아가면서 행하는 어떤 행동이나 감정, 신념이나 가치관에도 커다란 영향을 주게 된다. 태어나서 세 살 정도까지는 해마가 완전히 발달 되지 않았기 때문에 이때의 기억은 우측 뇌의 편도체라는 곳에 있다. 언어 발달이 이뤄지기 전인 이 시기 동안은 내재적 기억의 형태로 저장되어

남게 되고, 외현적 기억으로는 저장되지 않는다. 두 살 아이가 불현듯 가지게 될 기억도 바로 내재적 기억인 것이다. 스웨덴 시인 토마스 트란스트뢰메르[51]는 '기억이 나를 본다'라는 시에서 이렇게 읊었다. '......녹음이 / 기억으로 무성하다, 눈 뜨고 나를 따라오는 기억. // 보이지 않고, 완전히 배경 속으로 / 녹아드는, 완벽한 카멜레온. // 새소리가 귀먹게 할 지경이지만, / 너무나 가까이 있는 기억의 숨소리가 들린다.'

부디, 애꿎은 그 아이가 기억의 숨소리로부터 새로울 수 있기를. 모든 상황 속에서 따라오는 기억을 쳐내어 멀리 보내기를. 스위스 신학자 카를 바르트[52]가 했던 말, "어느 누구도 과거로 돌아가서 새롭게 시작할 순 없지만, 지금부터 시작하여 새로운 결말을 맺을 수는 있다."를 염두에 두는 삶이 되기를, 부디 무의식적으로 침투했을 트라우마를 무사히 잠재울 수 있기를.

---

51 토마스 트란스트뢰메르(Tomas Transtromer): 1931년 스웨덴 출생. 2015년 사망. 스웨덴 시인. 독일의 페트라르카 문학상, 보니어 시상(詩賞), 노이슈타트 국제 문학상, 2011년 노벨 문학상을 수상했다. 번역가와 심리상담사로도 활동했다. 심리적 통찰이 녹아있는 작품을 주로 발표하며 주로 현실을 초월하여 세계 평화를 향하는 작품을 써왔다.
52 카를 바르트(Karl Barth): 1886년 스위스 바젤 출생. 1968년 사망. 스위스의 프로테스탄트 신학자. 종교적 사회주의 운동에 참가하였으며 변증법적 신학운동의 지도자 역할을 했다. 교회 투쟁의 중요문서인 《바르멘 선언》의 기안을 했다.

트라우마(trauma)

트라우마는 빅 트라우마와 스몰 트라우마로 구분된다. 여기서 빅(big)의 의미는 단순히 큰 사건을 말하는 것이 아니라 일상적인 삶에서 자주 경험하는 것이 아니라는 뜻이다. 빅 트라우마의 경험은 악몽, 플래시백, 공포, 불안, 사회 부적응, 외상 후 스트레스 증상을 일으킬 수 있다. 스몰(small) 트라우마는 자존감이 상했던 경험처럼 일상생활에서 자주 당했던 사건을 의미한다. 이런 경험은 부정적이고 제한적으로 자신을 인식하게 해서 위축되고 불만족스러운 삶을 살아가게 한다.

통 비워내기

스트레스가 이만저만이 아니다. 더운 날에 마스크라니! 이
이율배반이 코로나19에서는 당연지사가 되고 말았다. 폭염이
심한 요즘, 컨디션이 좋을 리 없지만, 그렇더라도 살펴보자. 내
안에 스트레스가 얼마만큼 차 있을까?

소아 알레르기 학자 도리스 랩(Doris Rapp)은 '통 효과'라는
말을 사용했다. 인생에서 받는 모든 스트레스는 하나의 거대
한 통이다. 이 통이 가득 채워지지 않는다면 신체는 새로운 스
트레스를 감당할 수 있다. 일이 뜻대로 되지 않거나 긴장 상태
에 놓이거나 독소에 노출이 되거나 해도 괜찮을 수 있다. 내부
의 통이 가득 차면, 아주 작은 것 하나만 더해져도 헤어나올 수
없을 지경이 되고 만다. 깃털 하나만 보태도 낙타의 등뼈가 부
러질 수 있는 것이다. 문제는 내면의 통을 우리가 잘 들여다보
지 않는 데 있다. 일상에 젖다 보면 나를 돌아볼 겨를이 없다.
해야 할 일들이 산적해 있을 때도 그렇다. 게다가 '괜찮다'고 되
뇌면서 자신을 속이기도 한다. 울지 말고 웃어라. 울면 바보라

고 하는 만화 주제가 '캔디'의 가사처럼 살아야 긍정이라고 믿고 있다. 그러는 동안 보이지 않는 내 안의 통은 서서히 채워지고, 급기야 과부하 상태에 놓이게 된다. 그야말로 가벼운 하나만 올렸을 뿐인데, 터져버리고 만다. 사실, 억압이야말로 스트레스의 진원지이다. 억압하게 되면 '화가 반드시 일어나기 때문이다. 게다가 억압은 사라지지 않고 반드시 돌아온다. 그러면 어떻게 해야 할까? 손쉽게 할 수 있는 스트레스 테스트가 있다. 너무나 쉬워서 믿지 못할 정도다. 단 십 초 만에 할 수 있으니, 고개를 갸우뚱할 수도 있겠다. 원래 생명을 지탱할 수 있는 가장 소중한 것은 가까이에 공짜로 존재하고 있지 않은가. 지금 당장, 감사라는 말을 해보자. 감사는 무슨? 얼어 죽을! 이라고 욕이 나온다면, 현재 스트레스가 많은 편이다. 감사하게 되었어? 지금? 말도 안 돼! 이런 말이 나와도 스트레스 통이 찰랑거릴 정도다. 반면, '감사'를 말할 때 가슴이 몽글거리고 작은 미소가 지어진다면, 스트레스를 잘 관리하고 있다는 증거다. 자, 그렇다면 이 통을 어떻게 비울 수 있을까? 자주, 규칙적으로, 매일 꾸준히 비워줄 필요가 있다. 그렇게 하지 않으면, 어느 순간 뜻하지 않게 육체나 정신건강의 이상이 오게 된다.

이마저 초간단 비법을 말씀드리겠다. 무조건 '감사'해 보는 것이다. 특히 부정에도 감사해보자. 아니, 부정에 더욱 감사해보자. 좌절, 낙담, 절망 당하는 일이 있을 때조차 감사하자. 욕이 나오는 때조차 감사하자. 더운 여름에 마스크처럼 말이 되지 않을지 모르지만, 이것이야말로 간단하고 확실하다. 감사가 일상이 되면 스트레스는 먼지에 불과하다는 것을 알아차리게 될 것이다. 그리고 모든 것이 섭리 하에 잘 되고 있다는 사실, 내맡김으로 오는 놀라운 평강의 체험을 하게 될 것이다.

마음의 빛 31 내맡김과 감사

내맡김은 포기가 아니다. 아주 맡겨 버리며 되는대로 내버려 두는 것을 말한다. 내맡김을 하기 위해서는 맡길 대상이 있어야 하는데, 인간은 한계가 있는 존재이나 적당하지 않다. 인간의 한계를 극복한 초월적 존재라고 할 때 우주의 에너지나 신을 떠올릴 수밖에 없다. 감사는 고맙게 여기는 마음인데, 감사 또한 대상이 있어야 가능한 마음이다. 그 대상을 내맡김의 대상과 연결해 보면, 평강의 아귀가 제대로 맞아떨어지는 것을 느낄 수 있을 것이다.

통합과 영성

지금은 어떤 시대인가? 여러 각도에서 답이 나올 수 있을 것이다. 4차 산업혁명이라고 할 수도 있겠지만, 좀 더 큰 장에서 파악해보자. 코로나 시대인가? 통합의 시대인가? 이 역시 일리가 있는 말이지만, 좀 더 핵심을 짚어보자. 지금은 아픈 시대이다. 그러니 치유가 절실한 시대이다. 신기하게도 과학기술 문명이 발달하면 할수록 인류는 아프다. 속도와 경쟁으로 치닫는 구조는 자연스러움을 상실하게 만들기 때문이다. 자연의 한 존재인 인간이 자연스러움을 잃을 때 병리 현상 속에 매몰될 수밖에 없다.

휴대폰이 시야에서 사라지면 불안해지는 현대인은 누구나 기계에 중독되어 있다. 자연과 소통하는 시간은 극히 드물다. 인간끼리도 원활한 소통이 잘 이뤄지지 않는다. 아이들은 틈만 나면 게임에 몰두한다. 사이버 세계는 흥밋거리가 무궁무진하다. 즉각 보상이 주어지며, 휘황찬란하게 변신할 수도 있다. 반면, 현실은 냉혹하다. 평가와 잣대의 시선이 달라붙는다. 그것을 외면하거나 회피할 수도 없다. 날마다 기를 쓰고 앞질러서 달려야 한다. 나이가 들수록 자신의 가치를 드러낼 자신이 없어진다. 이것이 바로 현대인이 가지고 있는 함정이다. 인간은 육체라는 물질과 영혼이라는 비물질로 이뤄져 있다. 육체는 3차원에 있지만, 영혼은 3차원을 초월할 수 있다. 육체는 사라지지만, 영혼은 사라질 수가 없다. 다만, 차원을 이동해서 이미 온 곳으로 돌아갈 뿐이다. 이 자명한 사실을 기억하는 것은 너무나 중요하다. 보이지 않는 것에 관심을 두는 것이 바로 치유를 향한 통찰의 길이다. 자꾸 변해가는 육체가 진짜 내가 아니라는 사실을 자각해야 한다. 언제나 온전히 그대로 존재하는 나는 바로 영혼에 있다. 본질은 변하지 않는 속성을 지녔으니 영혼이야말로 본질이다.

심리학은 그동안 큰 세 가지 물결이 있었다. 즉, 정신분석[53], 행동주의[54], 인본주의 심리학[55]으로 흘러왔다. 다음이 무엇인지

53 정신분석(psychoanalysis): 오스트리아 출신의 의사 프로이트(Sigmund Freud, 1856-1939)에 의해 시작된 정신치료법으로 인간의 성적인 욕구를 개인 내적, 사회적인 욕구의 표출 및 조화나 부조화로 인한 갈등에 의한 것으로 정신 병리적 특성을 밝혔다.
54 행동주의(behaviorism): 사람 및 동물의 객관적 행동에 심리학의 대상을 두는 입장으로 내관(內觀)을 배척하고 오직 자극과 반응의 관계, 그 관계로 구성되는 체계만을 다루는 방식으로 접근하였다. 1913년 J.B. 왓슨이 주창하였다.
55 인본주의 심리학(humanistic psychology): 인간성을 중점으로 두고 접근하는 심리학이다. 인간의 자유 의지와 자기실현에 초점을 두고, 인간이 각자의 실존적인 경험과 주관적인 감정을 통해 세상을 지각할 수 있는 자유롭고 능동적인 존재로 규정한다. 대표적 학자로는 인간 중심 접근을 제시한 로저스(Carl Rogers)와 자아실현을 제안한 에이브러햄 매슬로(Abraham H. Maslow)가 있다.

에 관해서는 의견이 분분하다. 중요한 것은 결정적으로 인간이 놓치고 있는 것에서 포착되어야 한다는 점이다. 물질 위주의 병폐는 비물질에 초점을 맞춤으로 인해 극복할 수 있다. 그럴 때, 성장과 회복이 함께 이뤄질 것이다. 또한, 어느 한 가지만이 아니라 '통합'을 이뤄야 할 것이다. 모든 유기체는 통합성을 지니고 있기 때문이다. 한 개체도 그렇지만 세상, 나아가 우주도 그러하다. 그렇다면 심리학의 제4 물결은 '통합·영성'의 물결이라고 할 수 있다. 영성은 어려운 개념이 아니다. 내 마음이 자유자재로 움직여서 타인의 마음에도, 자연이나 만물의 마음에도, 이 세상이 아니라 다른 차원의 세상까지도 드나들 수 있다는 사실을 알아차리는 것이다. 마음을 자연스럽게 풀어서 원하는 곳에 보낼 수 있다는 것을 아는 것이다. 찬란한 놀빛과도, 나뭇잎 사이에 내려앉은 햇살과도, 바람에 얼굴을 파묻고 있는 새와도 하나가 될 수 있다. 영성은 지극히 높고 멀리 있는 신을 부르는 것이 아니다. '하나님이 내 안에 있지만, 내가 곧 하나님은 아니라는 사실을 아는 것'이다. 그리고 이 모든 것에 '사랑'이 깃들어 있다는 사실을 자각하는 것이다.

지금은 통합·영성의 시대다. 이 사실을 깨달을수록 삶은 빛나고 아름다워진다. 바로 이 지점에서 심리 및 정신치료를 행할 때 진정한 치유적 변화가 일어날 것이다.

통합·영성의 시대

미국의 작가이자 미래학자인 앨빈 토플러(Alvin Toffler, 1928년~2016년)는 "미래사회의 제5 물결은 영성의 시대다. 인간은 내면세계에 대한 목마름을 추구할 것이다. 어떤 개인이나 조직이건 영적인 깨달음을 통해서만 진정한 풍요를 누리는 시대가 올 것이다"라고 했다. 또 다른 미래학자 패트리셔 애버딘(Patricia Aburdene)도 "정보화 시대는 끝났다. 창조와 혁신의 시대가 왔다. 이 시대는 내면의 진실과 영적인 깨달음을 주도하는 기업이나 개인이 주도할 것"라고 했다. 이제 인간을 이루는 통합적 관점에서 영성을 만나야 할 때이다.

스키마 뒤엎기

나이는 서럽다. 마음은 약하다. 세상에 되는 일이 없다. 인간은 이기적이고 게으르다. 이 말들은 부정적이다. 하나 더 공통점을 찾아보시라. 확고한 신념이 느껴진다. 그것은 바로 직접 혹은 간접 경험으로 인해 얻어진 것이다. 기억 속에 저장된 지식, 지식의 추상적 구조를 '스키마(schema)[56]'라고 한다. 우리는 스키마로 인해 정보를 분류하고 합리적인 판단을 하며 관점을 세워서 해결하고자 한다. 한번 형성된 스키마는 웬만해서는 잘 변하지 않는다.

자신의 어머니가 극단적인 선택을 했기에 자신도 그럴 것이라는 생각을 한 이가 있다. 그런 자신의 운명을 이겨내야 한다는 강한 의지 이면에는 어머니에 대한 원망과 미움이 자리하고 있었다. 그의 삶은 평온하지 못했다. 감정은 수시로 변했

---

56 스키마(schema): 피아제(Piaget)가 주창한 이론이다. 개인이 과거의 경험에 의해서 형성된 개인의 인지구조를 뜻한다. 형성된 스키마는 살아오면서 부딪히는 여러 문제에 대하여 개념화하고 판단하여 선택하는 것에 큰 영향을 주게 된다.

고, 스스로 불행하다고 여기고 있었다. 치유 프로그램을 적용해서 어머니를 용서하고 사랑하자 비로소 자신의 삶을 사랑할 수 있었다. 또 다른 이는 어머니가 돌아가신 나이에 자신도 죽을 것이라는 신념을 가지고 있었다. 그 나이가 다가오자 은밀하게 마지막을 준비하고 있었다. 자신에게 불행의 장막을 덮어씌우고는 숨 막힌 채 있었다. 어머니가 무엇이라고 하겠는지 어머니와 마음을 합해서 말해보자고 했다. 오냐, 어서 빨리 하늘로 와라. 내가 기다리고 있다가 아니었다. "못다 했던 내 몫까지 너는 더 행복하게, 오래 살아라."라는 어머니 마음을 안 순간 비합리적 신념은 여지없이 깨졌다. 또 하나, 어떤 이는 사는 게 답답해서 무속인을 찾아갔다. 악귀 세 마리가 항상 붙어 다녀서 되는 일이 없다고 들었다. 그 말을 누가 곧이곧대로 듣겠는가 싶지만, 그렇지 않다. 자신도 모르게 그 말을 믿어 버린 것이다. 이후 그 무속인의 말은 늘 따라다니며 괴롭히기 시작했다. 심신이 안 좋을 때마다 악귀가 생각났다. 생각할수록 어떤 실체가 되어 보이는 듯도 했다. 스스로 생각해도 어이없어서 밝히지 못하는 그 신념을 치료사한테 털어놓았다. 치료사가 그건 말짱 사기라고 했고, 그 순간 악귀는 곧장 떨어져 나갔다. 어떻게 이런 것이 가능할까. 만물은 에너지이며, 우리 자신도 에너지이기 때문이다. 게다가 인간이 가진 상상력은 에너지를 창조하는 원천이다. 그래서 아인슈타인은 지성을 가늠하는 잣대는 지식이 아니라 상상력이라고 했다. 노인은 노인(路人) 즉, 참 인생길을 아는 이다. 깊은 마음, 마음의 핵심에는 우주의 에너지가 임하고 있어서 무궁무진한 힘이 생긴다. 세상은 뜻한 대로, 내가 바라보는 대로 이뤄진다. 인간은 모두 사랑의 존재이며, 각자 이유를 가지고 태어난다. 서두에서 한 말을 이렇게 뒤엎었다. 바로 스키마 뒤엎기를 해냈다! 하나만 더, 모든 병은 약으로 치료해야 한다. 이 말 또한 스키마 뒤엎기를 해보면 모든 병은 마음, 영혼과 관련되어 있으므로 먼저 영혼의 옥죄임으로부터 자유로워야 한다. 나도 모르게 스며든 원한, 배신, 미움으로부터 벗어나면 고혈압을 비롯한 심장 혈관계 질환이 치유될 것이다. 정신의학자 호킨스[57]와 심리학자 알렉산더 로이드[58]가 같은 맥락의 말을 이미 한 바 있다. 그리하여, '벗어나는' 길은 오직 하나, '용서'다.

삶 속에 신비함이 깃들게 하면, 매 순간이 즐겁다. 에너지의 역동이 나를 춤추게 하라. 그것은 간단히 말해 '스키마 뒤엎기'로 해낼 수 있다. 그것이 결국 내 삶의 반전, 기적을 일으킬 것이다.

---

57 호킨스(데이비드 레이먼 호킨스, David, Ramon Hawkins): 1927년 미국 밀워키 출생. 2012년 사망. 미국의 정신과 의사, 영적 스승. 인간의 의식 수준을 탐구하고 이를 발표하며, 의식 수준을 발달시키는 혁명을 일으켜야 한다고 주장하였다.
58 알렉산더 로이드(Alexander Loyd): 심리학 박사. 자연 의학 박사. 심리치료사. 10여 년간 우울증을 앓고 있던 아내를 치유하기 위해 오랫동안 연구하였다. 2001년에 신체, 정서의 문제, 인간관계의 문제를 근원적으로 치유할 수 있는 '힐링 코드'에 이어 '러브 코드'를 발견하고 개발하였다.

<u>마음의 빛 33</u> 스키마(schema)와 고정관념

스키마의 사전적 뜻은 외부의 환경에 적응하도록 환경을
조작하는 감각적·행동적·인지적 지식과 기술을 통틀어
이르는 말로 윤곽이나 형태라는 뜻을 지닌다. 개인마다 각
자의 경험을 바탕으로 고유한 스키마를 형성하는데, 이는
일정한 가치관을 일컫기도 하지만 틀에 박힌 고정관념을
의미하기도 한다. 스키마를 엎는 것은 이러한 틀을 깨고
자유로운 상상력을 발현시키고 유연한 사고력을 갖는 것
을 일컫는다.

빛나는 노화

흰머리는 노화의 상징이다. 노화를 반가워하는 이는 없다. 그렇다고 피할 수도 없다. 상투적인 말이지만, 피할 수 없으면 즐겨야 하는데 누가 가르쳐주지도 않는다. '노화를 즐기는 법' 따위는 없다. 그렇지만 다음의 소식은 우리의 궁금증을 어느 정도 해소시켜 준다.

미국 애리조나주에 사는 사라 아이제만의 이야기다. 21살 때 갑자기 머리가 하얗게 셌다고 한다. 그때로부터 15년 동안 강박적으로 염색을 했는데, 심지어 둘째 아들 출산을 몇 시간 앞두고 염색부터 했다고 한다. 언제나 그 무엇보다 염색을 우선 순위에 두고 살았다고 한다. 그러다가 흰머리보다 자녀 양육이 중요해지면서 서서히 바뀌게 되었다. 염색에 집착하는 자신이 불쌍해지고, 있는 그대로의 나를 인정하지 못하는 것 같아 스스로에게 미안했다고 한다. 마침내 자신의 은발이 왕관이라는 사실을 새롭게 깨닫게 되고, 그 이후부터는 사회의 편견이나 시선을 벗어나서 염색을 하지 않는 현재의 모습으로 살 수 있게 되었다고 한다. 그녀의 자유는 이것이다. 주위의 시선과 판단은 중요하지 않다는 인식, 자기 자신을 있는 그대로 믿고 스스로 인정하는 당당함.

우리 사회는 노인에게 너그럽지 못하다. 노화의 조짐을 들킬세라 아등바등이다. 동안 외모, 젊게 보이는 비결, 활기찬 체력 유지에 집중한다. 나이보다 어리게 보인다는 말을 최고의 칭찬으로 여긴다. 나이를 잊어버리고 사는 삶을 동경한다. "내 나이가 어때서!"라고 외치지만, 동시에 이렇게도 고함친다. "세월아, 비켜라!" 야속하기 짝이 없는 게 세월이다. 도대체 어쩌란 말인가. 세월은 흐르고 아무리 관리를 해도 몸은 예전과 같지 않고, 흰 머리가 난다. 이제 방향을 바꿀 때가 되었다. 지위, 돈, 명예, 부귀, 권력, 재물에 치중하던 삶이 전부였다면 가던 길을 멈춰보자. 정반대로 뒤돌아서서 다시 앞으로 가보자. 밖을 향해 뻗어갔던 방향에서 새롭게 안을 향해 들어가 보자. 놀라운 사실을 경험하게 될 것이다. 내 안에서 영글어가고 끊임없이 피어나는 마음의 꽃밭을 만날 것이다. 한번 피어난 마음의 꽃은 절대 시들지 않는다는 것도 알게 될 것이다. 온전히 깨달을 때마다 매번 새로운 꽃이 피어나는 것도 느낄 것이다. 분석심리학의 창시자 칼 구스타브 융(Carl Gustav Jung)에 의하면, 내 안의 중심으로 방향을 돌리는 것은 35세에 시작해서 40세가 되면 원활하게 행할 수 있다. 그러니까 나이가 많은 것이 유리하다. 다른 말로 하자면, '인격의 성장'이다. 젊었을 때는 미처 시도할 수 없던 것이 바로 진정한 자기(Self)[59]를 향한 여정이다. 즉, '자기실현'은 인간의 핵심적인 과제이다. 분석심리학자 이부영의 말에 의하면, 그것은 개인이 '평범한 행복'을 구현하는 과정이며, 자기 자신이 되는 것을 말한다.

타인을 중심으로 한 시선에서 자기('자아 ego'가 아니다)를 중심으로 한 시선으로 보자면, 노화는 아름답다. 흰머리뿐만 아니다. 굽은 등과 둔한 몸, 거친 손 또한 아름답다. 노화는 방지하는 것이 아니라 자연스럽게 맞이하는 것이다. 노화를 즐길 줄 아는 이가 결국 삶의 승자다.

---

59 자기(Self): 분석심리학의 창시자 융(Jung)은 자기는 정신의 중심에 위치하는 원형이며 의식과 무의식 전체의 중심이 되며, 의식과 무의식 과정을 하나로 통합시키는 역할을 한다고 밝혔다. 이를 통합 예술·문화 치유인 심상 시치료에서는 '빛'이라고 명명한다. 인간의 자기는 홀로 존재하는 것이 아니라 하나님 혹은 우주의 에너지와 결합되어 있다는 점에서 '자기'는 무궁무진한 에너지를 가지고 있다.

미움의 빛 34 융의 자기(Self)

분석심리학자 융(Jung)에 의하면, '자기'는 정신의 중심에 위치한 원형이고 의식과 무의식 전체의 중심이며, 의식과 무의식을 하나로 통합시키는 역할을 하는 것이다. 인간의 핵심과제는 자기를 향해 내면으로 들어가는 '자기실현'이며, 이는 자기 자신을 깨닫고 알아차림으로 인해 일어난다고 보았다. 한 걸음 더 나아가 자기실현의 지름길은 '용서'와 '사랑'에 있다. 나도 타인도, 그 어떠한 상황이나 현상에도 동일하게 적용된다.

알짜배기 삶

  기계 문명은 인간을 압도하고 있다. 호주 선샤인코스트 대학 연구팀이 밝힌 결과에 따르면, 젊은 층을 중심으로 세 명 중한 명의 두개골 뒷부분에서 뿔처럼 뼈가 자라났다는 것이다. 이러한 '외후두 융기' 현상은 스마트폰을 이용할 때 고개를 푹숙이는 것이 원인이라고 한다. 스마트폰이 우리에게 미치는영향은 지대하다. 국내 실태조사에서는 사용자의 10% 이상이과다 사용하고 있는 것으로 드러났다. 국내 대학생 608명을 대상으로 한 2016년도의 조사에 따르면, 사용자의 36.5%가 스마트폰 중독이었다. 한편, 2019년 5월에는 세계보건기구(WHO)가 스위스 제네바에서 열린 세계보건총회에서 '게임이용 장애(gaming disorder)'를 정식 진단명으로 인정하였다. 국제질병분류체계(ICD-11) 개정판에 '게임 이용장애'를 포함 시키며'6C51'이라는 코드를 부여했던 것이다. 이 장애는 일상생활보다 게임을 우선시해서 부정적인 결과가 발생해도 게임을 지속하거나 확대하는 게임 행위의 패턴을 말한다.

기계와 친해지는 동안 우리는 서로를 멀리한다. 소통 없이 불신과 경쟁의 구도로 치닫는 사회는 불행하다. 또한, 스마트폰에서 나오는 강한 청색광에 오랜 시간 노출되면 생체리듬이 깨질 위험도 크다. 과도하게 스마트폰을 사용하면 인체가 낮과 밤을 혼동해서 수면장애를 겪을 가능성이 높아지고 우울, 불안 등의 정신질환으로 이어질 위험도 크다. 과다 사용에 대한 문제점을 부각시키는 연구와 조사만으로는 성에 차지 않는가. 우리는 알면서도 하게 된다. 사실, 이런 게 바로 '중독'이다. 스마트 중독으로 일어난 정보, 사고체계, 감성과 인지들을 형상으로 나타낸다면, 아마도 혼란, 뒤죽박죽, 현란, 너덜너덜 일 것이다. 한곳에 머무르면서 자신을 알아차릴 여유가 없다. 쉴 새 없이 왔다갔다 해야 직성이 풀린다. 원하는 곳을 클릭하고 곧바로 넘어가지 않으면 답답해하고 화를 낸다. 그러는 동안 우리의 정신과 인체는 묘하게 뒤틀린다.

디지털 기술의 발달과 인체, 그 관계에 대한 회화적 상상력을 자극하는 매튜 스톤의 전시, '스몰 어웨이크닝(small awakenings 작은 깨달음들)'은 기술 커뮤니케이션의 도구가 되어버린 인체의 이미지에 대한 통찰을 불러온다. 작가 매튜

135

스톤(37)은 영국 런던에서 활동하는 화가이다. 예술이 주는 긍정주의가 세상을 치유할 수 있다는 의미에서 스스로를 아티스트이자 샤먼으로 부르기도 한다. 작품들은 거추장스러운 천들을 벗어 던지고 슬로건 없이 스스로 '사랑'과 '기쁨'을 깨달은 인간 본연의 모습을 보여주고 있다. 이 시대 우리가 필요한 것은 바로 알짜배기를 보고 깨닫고 느끼고 소통하는 것이다. 기계문명을 아예 벗어던질 수는 없겠지만, 때때로 벗어나서 홀가분해지는 것, 군더더기 없이 삶과 죽음을 통찰해내는 것, 궁극적으로 삶의 의미를 실현하는 것이 절실하다. 스마트폰을 끄거나 두절하게 되는 상황으로 일부러, 자주, 함께 몰입해 보자.

<u>마음의 빛 35</u> 기기와 멀어지기

영국 웹사이트 'Time To Log Off'가 수집한 2022년 연구에 의하면, 코로나 봉쇄 기간 동안 영국 가정에서 스크린 타임 사용량이 70~80% 증가했다. 대부분의 사람들이 TV와 온라인 비디오 시청에 하루 일과의 40%를 보냈고, 성인은 하루 평균 8시간 41분을 화면을 봤다. 인간이 기기와 친할수록 정신건강에는 빨간 불이 들어온다. 영국에서는 디지털 해독을 위해 매년 6월 마지막 일요일 하루 동안 '플러그를 뽑는 날'을 정했다. 전자 기기를 멀리하는 것이 치유의 시작이다.

날마다 태어나는 삶

무엇이 가장 두려운가. 대부분 '죽음'에 동의할 것이다. 누구든 생애 첫날이 오듯 마지막 날이 오고야 만다. 그러니 산다는 것은 서서히 죽어가는 것일 터이다. 프랑스 작가 생텍쥐페리는 반대로 "산다는 것은 서서히 태어나는 것이다."라고 했다. 독일의 철학자 카를 야스퍼스(Karl Jaspers)[60]는 "자각하여 죽음을 향해 나아가고 있는 자는 누구든 자유롭다."라고 했다.

우리는 '죽음을 향해' 나아가는 것은 사실이지만, '자각'하지 않는다. 그저 주어진 시간 속을 헤매면서 살아갈 뿐이다. 원하던 것을 얻었는가 하면, 어느 순간에는 놓쳐 버린다. 원하는 대로 되지 않을 때도 부지기수다. 그나마 뭔가 이뤄졌는가 하면, 다음 순간에는 혼란스러운 또 다른 일이 몰려온다. 삶은 고난

---

60 카를 야스퍼스(카를 테오도어 야스퍼스, Karl Jaspers, Karl Theodor Jaspers): 1883년 독일국 올덴부르크 출생. 1969년 스위스 바젤에서 사망. 독일의 유신론적 실존주의 철학자. 죽음처럼 인간의 힘으로 어찌할 수 없는 것을 '한계상황'이라고 하고, 인간은 누구나 자신의 '능동성'에 한계를 가질 수밖에 없다. 이러한 한계상황을 극복하기 위해서 인간은 절대자를 믿고 이를 통해 진정한 실존에 다가설 수 있다고 보았다.

의 연속이다. 깊은 골짝에 기쁨과 즐거움이 간혹 보이긴 하지만, 대부분은 비지땀 흘리며 등성이를 올라가야 한다. 프랑스 시인 알프레드 드 뮈세(Alfred de Musse)[61]는 "삶은 잠이며, 사랑은 그 꿈이다."라고 했다. 우리는 허망한 꿈속에 빠져 허우적대고 있다. 그나마 다행인 것은 '서서히 알아차리는 것'이다. 다른 말로 하자면, 깨닫고 성찰하는 것이다. 이것이 바로 나이가 들수록 아름다울 수 있는 비결이다. 서서히 '태어나야 하는 것'은 바로 자기의 내면이다. 밖으로 돌렸던 눈을 안으로 향하는 것이다. 분석심리학자 융(Jung)의 이론을 빌리자면, 우리는 사회적 가면을 벗어던질 용기를 내야 한다. 이미 가면과 일체가 되어 사회적 호칭, 역할, 권위에만 갇혀 버렸다면, 가면을 벗는 연습을 스스로 해야 한다. 가면을 아예 쓰지 않고 살 수는 없겠지만, 자주 가면을 벗고 진짜 내 모습을 스스로 볼 수 있다면, 나는 서서히 태어나고 있는 셈이다. 그 첫걸음을 떼고 난 뒤에는 내 안의 그림자를 만날 수 있어야 한다. 추악하기 그지없는 내 안의 나를 직면해서 껴안아 준다면, 나는 더없이 부드러워질 것이다. 게다가 터무니없이 커져 버린 내 안의 그림자는 마치 얼음이 해동하듯 작아질 것이다. 그런 후 만날 수 있는 존재가 바로 자신 안에 있는 또 다른 성이다. 남성 안에 있는 여성성(아니마)과 여성 안에 있는 남성성(아니무스)을 알아차

---

61 알프레드 드 뮈세(Alfred de Musse): 1810년 프랑스 파리 출생. 1857년 사망. 프랑스의 시인, 극작가. 소설가. '프랑스의 바이런'이라고도 불린다. 《세기아의 고백》(1836), 《비애》(1840), 《추억》(1841)등의 작품이 전해진다.

리는 것은 어렵지 않다. 온전히 이해하게 된다면, 그토록 오랫동안 찾고 있었던 이상형은 바로 자신 안에 있는 아니마와 아니무스였음을 알게 된다. 그것을 깨닫는 것은 바로 심층으로 가는 길을 열기 위한 통합과정이다. 내 안에 있는 전혀 반대되는 성을 수용하게 되면, 삶의 구심점이 보인다. 그리하여 결국 '자기(self)'를 향해 들어가게 된다. 그것이 바로 온전하게 태어나는 과정이다. 보이지 않는 내 안의 세계가 열리고 확장되는 것이다.

　죽음을 새로운 차원으로 묘사하는 것은 낯설지 않다. 죽음을 오랫동안 연구한 미국의 의사 퀴블러 로스는 '죽음'이 무엇을 의미하냐는 물음에 한마디로 답변했다. "평온입니다." 잘 죽기 위해서라면 지금, 현재, 이 순간을 온전히 살아내야 한다. 그 길밖에 없다.

<u>마음의 빛 36</u> 죽음은 존재하지 않는다

엘리자베스 퀴블러 로스는 이런 말을 남겼다. "죽음이란 나비가 고치는 벗어던지는 것처럼 단지 육체를 벗어나는 것에 불과하다. 죽음은 당신이 계속해서 성숙할 수 있는 더 높은 의식 상태로의 변화일 뿐이다." "내 실질적인 사명은 죽음이란 존재하지 않는다는 것을 사람들에게 말하는 것이다. 인류가 이것을 아는 것은 매우 중요한 일이다. ... 지구 전체가 우리의 탐욕과 물질주의 때문에, 또 생태학의 견지에서 볼 때 우리가 너무 이기적으로 자연을 훼손했으며, 가공할 핵무기를 보유했기에, 또 모든 진정한 영성을 잃어버렸기에 말할 수 없이 어려운 상황에 놓이게 된 것이다."

축복받는 삶

하고 싶은 일을 하면서 살 수 있을까? 대부분 고개를 갸웃거릴 것이다. '하고 싶은 일만 하면서'라는 직접적이고 거센 표현을 한 것도 아니다. '만'이 아니라 '을'을 붙였는데도 아리송하다. '꿈'과 '현실'을 혼동하지 않는 삶이 영리하다고 알고 있다. 그 영특함 때문에 우리는 불행하다.

우리나라 아동의 삶의 만족도는 경세협력개발기구(OECD) 국가 중 최하위다. 아동의 우울감과 스트레스 등 정서장애 위험은 급속히 증가한 실정이다. 청소년의 40%가 심한 스트레스를 느끼고, 27%가 우울감을 경험하고 있다. 9~17세 아동의 3.6%는 심각하게 자살을 고려하고 있다. 전체 아동의 세 명 중한 명은 스마트폰에 지나치게 의존하는 위험군에 속했다. 특히 스마트폰에 과하게 몰입하는 나이가 점차 낮아지고 있다. 꿈이 무엇인지, 하고 싶은 일이 무엇인지도 사실 잘 모른다. 더 이상 생각하지 않으려고 한다. 어떤 일에 대한 생각과 마음은 별로 중요하지 않는 세상이다. 주어진 역할, 과제, 목표 달성에만 급급하다. 만점이 되는 성과를 이뤘다면, 과정을 물어보지도 않는다. 그러다 보니 늘 경쟁과 속도의 구조 속에 휘말려서 살아간다. 하고 싶은 일 따위를 생각해서 뭣하겠는가. 녹록하지 않은 현실에 맞추려면, 꿈 따위는 팽개쳐야 한다. 어떤가. 이 말에 비분강개의 마음이 든다면, 박수를 쳐주고 싶다. 아마도 대부분은 고개를 끄덕일 것이다. 나도 그렇게 살아왔으니, 내 자식도 그렇게 살 수밖에 없는 것인가.

초등학생들한테 '꿈'을 얘기해보면 어깨를 당당하게 펴고 말했다. 생애 전혀 이뤄질 확률이 드문 꿈이라도 좋았다. 과거형으로 쓰는 이유는 지금은 그렇지 않다는 말이다. 자꾸 캐물으면, 프로게이머라고 대답한다. 그 정도에서 생각을 멈추고 만다. 꿈을 지우고 사라지게 하는 것이 유행인 사회다. 꿈이 없는 삶이니 삶의 만족도가 높을 리 없다. 꿈은 위험한 것인가? '꿈'은 고단한 삶의 행보를 '그래도' 꾸준히 걷게 하는 원동력이다. 철학자 니체(Nietzsche)는 "왜 살아야 하는지 아는 사람은, 그 어떤 어려움도 이겨낼 수 있다."고 했다. 앞부분을 '꿈을 가지고 살고 있는 사람은'이라고 바꿔서 읽으면 그 뜻이 더욱 분명해진다.

꿈은 역경을 딛고 일어나게 한다. 소설가 파울로 코엘료(Paulo Coelho)는 '아크라 문서[62]'에서 이렇게 말했다. "자신이 늘 바라온 삶을 사는 것, 그것만으로 충분하다. 타인에 대한 비판을 그만두고 자신의 꿈을 이루는 데 집중하라. 신은 그런 삶을 사는 이에게 매일 더 많은 축복을 내릴 것이다."

마음의 빛 37 꿈과 극복

철학자 니체는 "살아갈 이유가 있는 사람은 어떤 현실의 어려움도 견뎌낼 수 있다."고 말했다. 정신의학지 빅터 프랭클에 따르면, 이 이유는 '의미'로 치환될 수 있다. 의미는 극복의 에너지를 준다는 뜻에서 '꿈'으로 바꿔 말할 수 있다. 즉, "꿈이 있는 사람은 어떤 어려움도 견뎌낼 수 있다." 그 꿈의 뿌리가 내면의 핵심인 '자기(Self)'를 향해 있을 때, 진리가 우리를 자유롭게 하듯이 꿈이 우리에게 자유를 줄 것이다.

62 아크라 문서: 2013년 발간한 파울로 코엘료의 소설. 11세기 말 십자군 전쟁이 시작되기 직전, 콥트인 현자와 예루살렘 사람들 사이에 오고 간 대화가 기록된 아크라 문서에 담긴 이야기를 생생하게 그려낸 작품이다. 전쟁이 일어나기 직전의 긴박하고 절박한 분위기를 배경으로 광장에 모인 예루살렘 군중들이 현자한테 질문을 던지고 현자가 답변하는 형식으로 구성하였다.

가면

무대 공포증이 있는 한 배우가 있다. 가장 역할도 제대로 하지 못하는 처지다. 어느 날 은밀한 제의가 들어온다. 김일성 대역을 해보라는 것이다. 밀도 깊은 세밀한 연기 지도와 주체 사상까지 지도받는다. 거울을 보고 수도 없이 되뇐다. 자신은 김일성이라고. 비밀 프로젝트 덕택에 집안의 사정이 나아진다. 정상회담 리허설을 앞두고 공식적인 남북정상회담이 갑자기 무산되고 프로젝트도 취소되고 만다. 하지만 배우는 뼛속까지 김일성이 되어버린 후였다. 결국 그는 정신병원에 입원하게 된다.

영화 '나의 독재자[63]'의 줄거리다. 이런 현상을 심리학 용어로 '동일시'라고 일컫는다. 어떤 대상을 동경한 나머지 자신이 그 대상이 된 것처럼 느껴 실제로는 실현할 수 없는 만족을 얻게 되는 심리 메커니즘이다. 최근 영화 같은 상황이 일어났

63 나의 독재자(My Dictator): 2014년 개봉한 이해준 감독의 한국 영화.

144

다. 이번에는 김일성이 아니라 피부과 의사이다. 피부과를 개업하고 의사가 되어 마음껏 시술을 했다. 피해를 입은 환자들이 속출하자 들통나고 말았다. 그의 행각은 화려한 사기 경험을 바탕으로 기업의 보안 컨설턴트가 된 프랭크 윌리엄 애버그네일 주니어 프랭크 윌리엄[64]를 떠올리게 한다. 겨우 17세의 나이에 프랭크는 팬암사의 파일럿, 하버드의대 수석 졸업, 예일 법대 출신 변호사로 둔갑하면서 사기를 치고 다녔다. 50개 주 은행을 순회하며 무려 140만 달러를 횡령한 희대의 사기꾼이었다. 그렇지만 그도 외과 의사를 사칭했을 때에 직접 치료하지 않았던 양심은 있었다고 한다. 그의 행적은 '캐치 미 이프 유 캔(Catch Me If You Can)[65]이라는 영화로 만들어졌다. 또 다른 사기꾼 관련 영화로 '리플리(The Talented Mr. Ripley)[66]가 있다. 퍼트리샤 하이스미스(Patricia Highsmith)의 소설을 원작으로 한 영화다. 리플리는 우연히 선박 부호의 눈에 띄게 되고 부호의 아들과 동문이라는 거짓말하게 된다. 거짓들은 거짓을 양산해내고 거짓을 보호하기 위해 급기야 부호의 아들을 살해하게 된다. 그 후 자신이 바로 부호의 아들인 양 행세하

---

64 애버그네일 주니어(Frank William Abagnale, Jr): 1948년 미국 뉴욕주 브롱크스 출생. 미국의 작가이자 중범죄인. 1970년대 후반 루이지애나에서 법무부 차관, 조지아에서 병원 의사, 유타에서 교수, 팬 아메리칸 항공 조종사 등을 사칭하고, 15세 때부터 위조 수표를 만들었다, 여러 차례 체포되어 투옥했다. 1980년 자신의 삶에 관한 책《캐치 미 이프 유 캔》을 공동 집필했다. 컨설팅 회사인 애버그네일 앤드 어소시에이츠를 운영하고 있다.
65 캐치 미 이프 유 캔(Catch Me If You Can): 2003년 개봉한 스티븐 스필버그 감독의 미국 영화.
66 리플리(The Talented Mr. Ripley): 1999년 제작해서 2000년 개봉한 안소니 밍겔라 감독의 미국 영화.

다가 들키려고 하자 친구까지 죽인다. 영화 속 리플리처럼, 자신이 만들어낸 허구에 머물면서 그것을 합리화하기 위해 거짓된 언행을 계속하게 되는 정신적 증상을 '리플리증후군(Ripely syndrome)[67]'이라고 한다.

피부과 의사를 사칭했던 '홍원장'은 '나의 독재자' 속의 주인공처럼 지금 정신병원에 있어 검찰송치가 지연되고 있다. 홍원장이 썼던 가면은 우리에게 익숙하다. 가진 자, 배운 자에게 보이는 주위의 대접과 부러움에 찬 시선들. 군림하는 권위의 맛에 달콤한 물이 들어 가면과 하나가 되고 말았다. 스스로 온전하게 속하지 않는 열망, 주위의 눈치로 인한 헛된 자부심이 결국 그를 파멸시키고 만 것이다. 지금, 이 글을 읽고 있는 당신은 어떠신가. 언제라도 벗을 수 있는 가면인가, 가면과 하나가 되고 말았는가?

---

67 리플리증후군(Ripely syndrome): '리플리 병' 또는 '리플리 효과,' '공상허언증'이라고도 하며, 현실 세계를 부정하고 자신이 상상하는 허구의 세계를 진실이라고 믿으며 거짓된 말과 행동을 반복하는 반사회적 성격장애를 일컫는다.

<u>마음의 빛 38</u> 페르소나와 동일시

사회적 가면이라고 일컫는 페르소나(persona)는 인간은
누구나 쓸 수밖에 없는 처지이긴 하지만. 혼자만의 시간에
는 과감하게 훌쩍 벗어던지고 본래의 자신을 들여다볼 줄
알아야 한다. 그러지 못할 때, 사회적 역할에 빠져버려 진
정한 자신을 잃을 수밖에 없다. '동일시'는 타인이나 사물
에 심리적 유대감을 갖고 그 속성에 동화하는 것을 말한
다. 자기를 염두에 두지 않고 바깥에 휘둘린다는 점에서
페르소나와 동일시는 공통점을 가지고 있다.

특별한 기회

감염과 전염의 시대다. 병원체가 숙주의 체내로 침입하여 증식, 기생상태가 성립한 것을 감염이라고 한다. 이 감염이 잇따라 전하여져 가는 상태를 전염이라고 한다. 코로나19만의 문제가 아니다. 심리적 감염과 전염의 세상이다.

친자식을 구타하거나 방치해서 죽인 경우도 허다하다. 인간의 심리는 알면 알수록 오묘하다. 누구나 자신만의 견고한 세계 안에 갇혀 있다. 자신도 모르는 사이에 형성되어 왔다. 격분과 신경질, 우울과 의심, 좌절과 자기비하 등등의 부정적 심리가 딱히 이유 없이 일어나기도 한다. 혹은 어떤 일이 촉매가 되어 일어나기도 한다. 때때로 휘몰아치는 감정의 소용돌이가 행동으로 옮겨진다. 호되게 질책하고 고함을 지르거나 싸잡아서 비난을 퍼붓기도 한다. 감정을 폭발시켜 놓고 나서도 시원하지도 않다. 서로 상처를 받거나 관계가 악화된다. 습관처럼 불거지는 언행에 대해 수정하고 싶은 마음이 들기도 하지만, 잘되지 않는다. 평생을 그렇게 반복해서 살아간다. 자신이 만든 세계에 갇혀서 꼼짝할 수가 없는 것이다. 깨닫고 노력한다고 순식간에 되는 것도 아니다. 생각해보자. 아동학대를 행한 부모는 자신도 그렇게 자라온 것이다. 애정과 조건 없는 사랑을 듬뿍 받으면서 자라왔다면 그런 마음을 낼 수 있다. 그 반대라면, 끔찍하다. 어느 순간 자신의 세계가 익숙한 상태로 자동 작동한다. 조금 더 들여다보면, 자기 자신조차 온전하게 사랑하지 않는다. '사랑'이라는 말을 사정없이 비틀어 마구 쓰는 이 세태로 보건대, 자신을 사랑하고 있다고 착각한다. 하고 싶은 대로 마음껏 하면서 즐겁게 사는 것이 사랑이 아니다. 사랑은 무한한 긍정의 에너지를 향유하는 것이다. 그런 경험이 없으니 당연히 행할 수가 없다. 부모 혹은 양육자가 세운 잣대로 비난받고 질타당하고, 심지어는 학대까지 당해온 경험은 치명적인 바이러스로 감염되어 있다. 그것을 다음 세대한테 고스란히 전염시키게 된다. 자기도 모르는 사이에 자신이 받은 대로 행할 뿐이다. 심리 용어로는 내사(introjection)[68]라고 한다.

정현종 시인은 '사람이 언제 아름다운가'라는 시에서 '자기를

---

68 내사(introjection): 타인의 관점이나 주장, 가치관을 깊은 사유 없이 자신의 것으로 받아들이는 내적 태도를 일컫는다. 권위적인 관계에서 오랫동안 내면에 주입되어 자신도 모르게 그대로 답습하게 되는 경우로 특히 부적응 행동을 습관적이고 자동적으로 반복하며, 그렇게 하는 것을 스스로 깨닫지 못한다.

벗어날 때처럼 / 사람이 아름다운 때는 없다'라고 했다. 육체가 주어져 있는 이 삶은 자신만의 견고한 껍질을 벗겨 낼 수 있는 특별한 기회다. 아름다운 삶은 익숙함을 벗고자 하는 자신만의 선택에 달려있다.

<u>마음의 빛 39</u> 내사(introjection)

심리적으로 영향력이 있는 타인의 가치관이나 삶의 태도를 깊이 생각해보지 않고 자신의 것으로 받아들이는 것을 의미한다. 무비판적으로 받아들여 그대로 따라하기 때문에 고정된 부적응 행동 패턴대로 자동화된 언행을 반복하게 된다. 또 그렇게 하는 것을 스스로 자신의 삶이라고 착각하기도 한다. 내사가 심할 경우 자신의 진정한 욕구조차 잘 모르면서 타인의 기대에 따라 맞추어 사는 것에 익숙하며, 창의적 삶의 태도를 두려워하고 피한다.

내 안의 답

두더지 게임 격이다. 어느 지역이 잠잠한가 하면, 다른 지역이 들고 일어난다. 지금은 경기도 포천이다. 더워지면 잠잠할 것이라는 예상은 빗나간 지 오래다. 근원적인 불안이 팽배하다 못해 만연하다. 도대체 어떻게 살아야 할까.

물질이 답이 아니라는 것쯤은 나와야 한다. 대개 목표 달성을 위해 세세한 계획을 세우고 행해왔던 것들이 무산되거나 유보되었다. 올해 상반기처럼 하반기도 그럴 수 있다. 함부로 장담할 수 없다. 건강도 수명도 안전도 그러하다. 마치 사방이 막힌 큐브 안에 갇힌 꼴이다. 누가 탈출할 수 있을 것인가.

지금이야말로 인간이 가진 천부적인 역량을 발휘해야 할 때다. 인간은 영혼을 가진 존재다. 영혼은 육체 안에 머물러 있거나 벗어나거나 간에 존재한다. 점점 퇴화하다가 마침내 사라질 육체만 탐닉하거나 열중하기를 부추기는 문명은 이제 바닥이 드러난 셈이다. 젊고 강한 육체를 소유했다고 코로나19 가 비켜 가지 않는다. 그동안 보이는 것, 눈에 보이는 성장 위 주로 살았다면, 전면적인 터닝포인트가 되어야 한다.

한 인디언 영혼이 있다. 모리스 바바넬[69]이라는 사람의 입 을 통해 '실버버치'라는 닉네임으로만 자신을 소개하면서 60 여 년간 보이지 않지만, 분명히 실제 하는 영적인 세계를 알려 주었다. '영계로부터의 메시지'라는 이름으로 1991년 박금조가 편저한 책이 정신세계사에서 '실버버치의 가르침'이라는 제목 으로 새롭게 발간됐다. 박금조의 책은 이렇게 시작하고 있다. "지상의 인간이 본래의 모습대로 살아가려면 신의 섭리, 영적 진리를 이해하는 길밖에 없다." 내친김에 김성진이 번역한 책 에서 실버버치의 말을 한 가지만 더 들여다보자. 감리교 목사 였던 사람이 물었다. "예수께서 '너희를 위하여 보물을 하늘에 쌓아두라'고 하신 말씀이 곧 삶을 지배하는 영적인 법칙에 대 한 지식을 언급하신 거로군요." 실버버치가 답했다. "그렇습니 다. 그 보물은 영의 보물입니다. 행동으로 표현된 영혼의 특성 이죠. 여러분 자신의 영적인 존재를 강화하고 표현하고 키워 야 합니다. 여러분의 영적인 성장이 하늘나라의 영원한 보물 이니까요." 그리고 실버버치는 말했다. "헌신은 풍요로운 것이

---

69 모리스 바바넬((Maurice Barbanell): 1902년 출생. 1981년 사망. 미국의 정신학 분야의 저술가.

며 고양된 모든 영혼은 자신을 발견하고 신을 발견한 영혼입니다."

그렇다. 어떻게 살아야 하는가에 대한 답은 나 자신 안에 있다.

마음의 빛 40 실버버치의 말

영의 힘은 곧 생명력입니다. 생명이 존재하는 이유는 영이 존재하기 때문입니다. 영이 생명이고 생명이 영이죠. 우주가 아무리 장엄하고 어마어마하게 광대하다 해도, 그것을 만든 힘은 인간을 존재하게 해준 힘과 똑같은 것입니다. 우리가 사랑하고, 생각하고, 돌보고, 판단하고, 반성하고, 결정하고, 평가하고, 숙고하고, 영감을 받고, 인간적인 감정의 높고 깊은 모든 범위에 이르도록 해주는 힘, 그것이 바로 영의 힘이죠. 여러분이 신이고 신이 여러분입니다. 정도의 차이가 있을 뿐 본질과 실체는 같습니다. … 인간은 신이란 존재의 미립자라고 할 수 있어요. 이 영의 힘이 병을 치유하는 것이죠.
- '실버버치의 가르침', 2020년 정신세계사, 209P

죽음은 착각

하늘과 땅의 움직임이 심상치 않다. 가끔 신이 존재하는지 의심하는 일이 벌어진다. 지난 여름 집중호우가 쏟아진 경기 가평에서 토사가 펜션을 덮쳐 3명이 숨졌다.

천재지변으로 잃은 목숨은 불가항력이다. 사망한 이는 펜션 주인과 그녀의 딸과 이제 겨우 두 살인 손자다. 사건이 일어난 날 오전 10시 37분 이전으로 되돌릴 수만 있다면 얼마나 좋겠는가. 우리는 한 치 앞을 알 수가 없다. 똑똑하고 영특한 기술을 뽐내는 인간이 유한한 존재라는 사실을 여지없이 보여준다.

바니타스는 17세기 네덜란드와 플랑드르 지역에서 유행한 정물화의 한 장르이다. 중세 말에 흑사병이나 종교 전쟁 등 여러 비극적인 경험으로 인하여 일어난 풍조다. 그림 속에 해골이나 촛불, 꽃 등을 그려 넣는 특징이 있다. 이들 피사체가 상징하는 것은 바로 삶의 덧없음이다. 성경의 전도서 1장 2절에는 이런 말씀이 있다. "전도자가 가로되 헛되고 헛되며 헛되고 헛되니 모든 것이 헛되도다." 바니타스는 라틴어로 '공허'를 뜻한다. 인간의 삶은 공허하기 그지없다. 언제 어떻게 될지 누구도 알 수 없다. 생각해보면, 희로애락이나 원망과 분노와 좌절과 낙담도 살아있어서 갖게 되는 감정이다. 부귀영화와 무한경쟁이 무슨 소용인가. 죽음 앞에서는 모든 것이 덧없다. 죽음조차도 자연의 일부다. 그냥 받아들일 뿐, 인간이 어떻게 할 수 없다. 과학기술이 놀랄 만큼 발전해서 죽음을 연장하거나 없앨 수 있다고 상상해보는 것도 사실 부질없다. 그런다고 행복해지지 않기 때문이다. 자연의 일부인 인간은 자연 안에서 숨 쉴 때 가장 자연스럽다. 이왕 언급했으니, 성경 구절을 더 더듬어보자. 전도서 1장 9절의 말씀이다. "이미 있던 것이 후에 다시 있겠고 이미 한 일을 후에 다시 할지라. 해 아래 새것이 없나니." 이것은 또 어떤 뜻인가. 사망한 후에 끝이 아니라는 것인가? 게다가 이 땅에서 한 일들을 다른 차원의 세계인 사후세계에서 다시 하게 된다는 것인가? 그렇다. 죽음은 착각이다. 죽음을 앞둔 사람의 심리상태를 연구하고 밝혀낸 정신의학자 퀴블러 로스는 생애 막바지에 이르렀을 때 새로운 연구를 하게 된다. 그리고 발표한 것이 바로 '사후생[70]'이다. 그녀는 "죽음이란 나비가 고치는 벗어던지는 것처럼 단지 육체를 벗어나는

---

70 사후생: 엘리자베스 퀴블러 로스가 집필하고 최준식이 번역한 책. 우리나라 발간은 대화문화아카데미에서 2009년에 했으며, 원제는 'On Life after Death'이다.

것에 불과하다. 죽음은 당신이 계속해서 성숙할 수 있는 더 높은 의식 상태로의 변화일 뿐이다."라고 했다.

언제 어떻게 될지 모르는 목숨을 주관하는 것은 인간이 아니다. 그 엄청난 역할은 하늘에 맡겨두고 다만 현재, 지금, 여기에서 내 영혼을 고양하기 위한 일에 매진할 뿐이다. 죽음이 있다는 자명한 사실 앞에서 지금을 헛되게 살 수 없다. 육체의 삶 동안 극복했던 만큼 사후의 삶이 이어질 것이다. 빌 노트[71]의 '죽음'이라는 시로 삼가 고인의 명복을 빈다. '잠을 자면서 나는 두 손을 가슴 위에 포개 얹는다. / 사람들이 나중에 내 손을 이렇게 얹어 놓겠지. / 내가 내 안으로 날아 들어가는 것처럼 보일 거야.'

---

71 빌 노트(Bill Knott). 1940년 미국 출생. 2014년 사망. 미국 시인, 보스톤의 에머슨 대학 교수역임. 1968년 《나오미 시집(The Naomi Poems)》로 세간에 알려졌다.

마음의 빛 41   **엘리자베스 퀴블러 로스의 말**

영성이란, 우리보다 훨씬 위대하며 우주를 창조하고 삶을 창조한 어떤 존재에 대한 '깨달음'을 뜻한다. … 우리가 근원 혹은 하느님으로부터 태어났을 때, 우리는 모두 신성한 측면을 부여받았다. 이것은 우리 안에 그 근원 일부가 있다는 것을 의미한다. 이것으로 말미암아 우리는 죽지 않는다. 육체란 단지 우리가 죽음이라 부르는 변화를 겪을 때까지 일정 기간 머무르는 집에 지나지 않는다. 죽음의 순간에 우리는 이 고치를 벗고 다시 나비처럼 자유롭게 된다.

- '사후생', 2009년 대화문화아카데미, 83P

삶은 삶는 것

삶은 삶는 것이다. 볶는 것도 아니고 데치는 것도 아니다. 오랫동안 뜨거운 열기를 가해서 삶아 우려내는 것이다. 그러니 얼마나 큰 고난이 닥쳐오겠는가. 고민과 갈등은 우리를 따라 다닌다. 빛이 강렬할수록 그림자가 진해지듯이! 이 길을 언제까지 걸어야 하는가.

때로는 그만 걷고 싶다는 마음이 들기도 한다. 확고부동한 사실은 누구나 길의 끝을 향해 가고 있다는 것이다. 그때가 되면, 우리를 괴롭히던 모든 것과 이별할 것이다. 건강, 돈, 권력, 명예, 학식에 더 이상 마음을 옥죄지 않는 순간이 올 것이다. 그전까지는 늘 현실이 우리를 가만두지 않을 것이다. 마구 잡아서 뒤흔들 것이다. 좀처럼 드러나지 않는 내면이 열릴 수 있도록. 깊이 고아져서 남김없이 우러나도록. 그 과정은 금을 제련하는 것과도 같다. 금의 입장에서 보면, 흙과 모래와 물이 뒤

섞여 흔들리는 과정부터가 시련이다. 마침내 용광로의 불길에서 극심한 고통을 당하게 된다. 이런 고된 과정을 거쳐서 탄생한 금은 그 어떠한 경우에서도 이겨나가는 견고한 성질을 가지게 된다. 이 과정은 영혼의 성장 과정과도 통한다. 고되고 강한 시련은 성장을 위한 절호의 기회다. 생명이 있는 한 영혼의 성장과 변화의 가능성이 늘 주어진다. 인생에서 험난한 시련과 어려움이 많았다면, 성장과 변화의 기회가 그만큼 많았던 셈이다. 성경의 마태복음 5장 3절에는 "심령이 가난한 자는 복이 있으니 천국이 저희 것임이요."라는 말씀이 있다. 가난한 심령일 때 낮아지고 겸손해진 마음으로 자신을 돌아보게 된다. 그럴 때 비로소 그동안 등한시했던 영혼을 바라보게 된다. 시끌벅적한 상황에서는 자신을 고요하게 들여다볼 수 없다. 외부 환경과 물질에 관심을 집중하는 동안에는 자신을 주시할 겨를이 없다. 좌절과 패배의 쓰라린 경험들은 자신 안으로 들어가서 자기를 직면하게 한다. 모든 거품들이 빠져나간 고요한 순간에 가난한 심령이 되어 자신을 바라보게 되는 것이다. 그 가난은 무겁고 복잡한 세속적인 욕망을 훌훌 털어버리고 날아오르게 하는 가난이다. 해서, 올바르게 자신을 직면할 수 있는 순간이야말로 값진 것이다. 정신건강의 척도 중 하나인 회복 탄력성은 평온할 때는 그 정도를 짐작할 수 없다. 고난이 닥쳐왔을 때라야 마음이 회복되는 정도를 파악할 수 있다. 그리하여 삶에 대한 핵심 열쇠는 '극복'이다.

여전히 많은 이들이 극단적인 선택으로 삶을 마감한다. 그럴 수밖에 없는 사연이 있었을 것이다. 하지만 그것에 비할 수 없을 정도로 살아나가야 할 존재 이유가 분명히 있다. 생명을 부여받은 그 순간부터 우리에게는 삶을 '삶아내야 할' 분명한 사명이 주어져 있기 때문이다.

마음의 빛 42 **가난한 심령**

성경에서 나오는 '가난'은 헬라어 '프토코스(ptokos)'로 '파산을 당하거나, 남의 도움 없이는 살아갈 수 없는 상태'를 의미한다. '심령이 가난하다'라는 말은 심령, 정신의 근원이 되는 의식의 본바탕이자 마음의 주체가 파산을 당한 나머지 홀로 살아갈 수 없는 상태를 일컫는다. 하늘의 섭리와 은총에 오롯이 내맡기고 내려놓으며 살아가는 것을 뜻한다.

바닥 치기

사는 재미가 없다. 딱히 치명적인 일이 일어난 것은 아니다. 적어도 최근에는 그렇다. 따분한 날이 이어진다. 웃을 일도 울 일도 없다. 그냥 갑갑하고 답답하다. 세상도 아프고 나도 아프다. 만성적인 권태, 피로, 우울이 끈적하게 달라붙는다.

누구나 느껴봤을 것이다. 나약하다고 혀를 찰지 모르지만, 솔직하게 말해보자. 자신과 씨워서 이겨야만 하는가? 삶은 전쟁터가 아니다. 그렇게 표현하는 이가 있다면 엄청난 착각이다. 넘어지면 골백번이라도 일어나야 하는가? 인간은 오뚝이가 아니다. 기쁨과 즐거움이 옳은 감정이고 슬픔과 괴로움이 나쁜 감정도 아니다. 젊을수록 좋고 늙으면 불리하다는 말처럼 위험하다. 그러한 판단을 유도하는 세상이라면, 세상을 바꿔야 한다. 그것도 자기 자신으로부터! 나를 바꾼다는 것은 쉽지 않다. 마음을 바꿔라! 강하게 이겨나가라! 당장 해야 해! 이렇게 자신을 몰아세우라는 것이 아니다. 다만 이 엉터리 같은 세상의 가치를 전복시켜 보자. 보이는 것 위주로 돌아가는 법칙만 따라가면 남는 게 없다. 우리나라 자살률은 수년 동안 경제협력개발기구(OECD)회원 국가 중 1위다. 항우울제를 먹는다고 자살 충동이 사라지는 것도 아니다. 한번 들어온 자살 사고는 좀처럼 없어지지 않는다. 자리 잡는 것은 적어도 한 달이다. 석 달이 되면, 멍울의 크기는 걷잡을 수 없다. 눈만 뜨면 자살에 휩싸이게 된다. 모든 것에 자신이 없다. 모든 것이 공허할 뿐이다. 살아있는 유령처럼 지내다가 연기처럼 사라질 것을 꿈꾼다. 한마디로 말하자면, 부정 에너지 때문이다. 어떻게 어둠을 사라지게 할까? 답은 자명하다. 스위치를 올리면 된다. 빛이 들어오면, 어둠은 순식간에 사라진다. 스위치를 찾을 힘도, 올릴 힘도 없다면 첫 시도는 이렇게 해보자. 어둠이 아니었을 때를 떠올려보자. 분명 그런 순간이 있었다. 그때의 마음이 고스란히 내 안에 있다. 이왕이면 환한 빛이 쏟아지던 순간을 기억해보자. 한번 들어온 마음은 내 마음의 서랍 안에 고스란히 존재하고 있다. 그런 다음, 내가 지금 죽는다면 어떨지 상상해보자. 죽은 다음에는 어떻게 될까? 궁금하다면 섣불리 넘겨짚지 말고 자살이 아니라 '죽음'과 관련된 책을 읽어보자. 몇 권만 봐도 알 수 있다. 자살 직후, 영혼은 처절하게 외친다. "제발 살고 싶어!"라고.

세상이 아무리 나를 욕하고 짓밟아도 영혼은 고결해질 수 있다. 오직 나만이 나를 상할 수 있기 때문이다. 우울한 이유는 안으로 화가 파고들어서 나를 공격하고 있기 때문이다. 눈에 보이는 가치만 추구하는 것에 서서히 결별하는 습관이 결국 나와 세상을 바꿀 것이다. 그리하여 바닥을 제대로 친다면, 아름답게 날아갈 수 있다.

마음의 빛 43　일체감과 극복

심리치료사 카르멘 하라(Carmen Harra)는 '일체감이 주는 행복'이라는 책에서 일체감은 역경을 극복하는 힘이라고 했다. 영혼을 치유하는 가장 좋은 방법은 신성한 연결고리를 깨닫고 그것을 활용하는 것임을 알게 되었다고도 했다. 우리가 지닌 영혼이 신성함과 연결되어 있다는 것을 깨달을 때 그러한 일체감으로 인해 비극적인 현실을 극복해 나갈 수 있다.

직면의 힘

화상을 입었던 누이가 있다. 젊은 날 꽤나 속상했지만, 중년 이후 누이에게선 향기가 난다. 생각해보면, 모든 상처는 꽃의 빛깔을 닮은 듯하다. 향기가 배어나는 이의 가슴속에는 커다란 상처가 있다는 것도 깨닫게 되었다. 이런 내용의 시가 있다. 복효근[72]의 '상처에 대하여'라는 시다. 시의 전문은 다음과 같다.

'오래 전 입은 누이의 / 화상은 아무래도 꽃을 닮아간다 / 젊은 날 내내 속 썩어쌓더니 / 누이의 눈매에선 꽃향기가 난다 / 요즈음 보니 / 모든 상처는 꽃을 / 꽃의 빛깔을 닮았다 / 하다못해 상처라면 / 아이들의 여드름마저도 / 초여름 고마리 꽃을 닮았다 / 오래 피가 멎지 않던 / 상처일수록 꽃향기가 곤다 / 오래된 누이의 화상을 보니 알겠다 / 향기가 배어나는 가슴속

---

72 복효근: 1962년 전라북도 남원 출생. 한국의 시인. 1991년 '시와 시학' 잡지사로 등단. 2015년 제2회 신석정문학상, 2000년 시와 시학상 젊은 시인상 수상.

엔 / 커다란 상처 하나 있다는 것 // 잘 익은 상처에선 / 꽃향기가 난다'

상처를 가지는 것은 두렵기 짝이 없다. 들키는 것이 싫어서 숨기려고만 한다. 상처 따위는 없다고 부인하기도 한다. 그러다 보니 먼저 자신을 속이게 된다. 그럴수록 화와 짜증이 늘어난다. 진실하게 자신을 대하지 못하니, 늘 패배자가 된 기분이다. 그것을 다르게 부풀려 포장하기 바쁘다. 마음의 상처가 몸으로까지 번지거나, 몸의 상처가 마음으로 이어진다. '속인다'는 것은 긴장과 스트레스를 늘 달고 사는 것을 뜻한다. 나 자신의 상처를 이해하지 못하니 타인의 상처는 말할 것도 없다. 작은 것에 트집을 잡고 닦달하기 일쑤다. 스스로는 더욱 강하게 핍박한다. 더 감춰! 완벽하게 덮어 둬! 전혀 보이지 않게! 이 억압은 용수철 누르기와 같다. 꽉 누르고 있으면 부피가 줄어들지만, 언제까지나 그럴 수 없다. 누르는 손이 아프기도 하지만, 손이 할 일이 따로 있지 않은가. 용수철을 떼는 순간 어디로 튈지 모른다. 깊은 상처는 꽁꽁 싸매어 덮어두었지만, 아래에선 여전히 피를 흘리고 있다. 지혈하면서 살뜰하게 보살피기 위해서는 스스로 상처를 들여다봐야 한다.

브라질의 페르난다 타나즈라(Fernanda Tanajura)는 선천적 질환인 수포성 표피박리증을 가지고 있다. 그렇지만 그녀는 피부 전체에 생긴 물집과 상처를 있는 그대로 드러내는 인플

165

루언서다. 분석심리학자 융(Jung)에 의하면, 인간은 내면에 혐오스럽고 경멸스러운 자신이 있다. 이것을 '그림자'라고 칭한다. 거부하면 할수록 그림자는 괴물처럼 커진다. 그것을 다스리는 유일한 길은 그림자를 알아차리고 진심으로 껴안는 것이다. 그렇다면 제일 먼저 해야 할 일은 덮어두었던 장막을 걷는 일이다. 내 안의 그림자인 상처를 직면할 용기가 필요하다. 그럴 때 비로소 치유가 일어난다. 아직 젊은 나이인데도 상처 앞에 너무나 당당한 타나즈처럼!

마음의 빛 44 그림자 껴안기

분석심리학자 융(Jung)이 밝힌 심리적 그림자는 결코 인정하기 싫은, 스스로도 경멸스럽고 혐오스러운 쓰레기 같은 자신의 내면을 말한다. 그림자를 밖으로 던져서(투사) 상대방을 비난하는 것을 멈추면, 자신의 그림자와 직면할 수 있다. 괴롭지만, 반드시 이뤄져야 할 과정이다. 그런 다음, 그림자를 껴안아 줘야 한다. 그것은 그런 나조차도 '용서'하고 '사랑'해야 가능하다. 그럴 때, 그림자는 얼음처럼 녹는다. 그림자 껴안기는 그림자를 녹이는 것이다.

까발 콘서트

이상한 콘서트가 열렸다. 극본도 연습도 없는 리얼극장. 생생한 이야기를 들려주겠다는 이색 문구가 눈에 띄었다. 이름도 생경했다. '까발 콘서트'라니. 아무에게도 말할 수 없었던 진실게임을 시작한다고? 일단 가고 볼 일이다.

가면을 쓴 네 명이 무대에 입장하는 것으로 시작했다. 무대 장치도 없었다. 유일하게 있는 것은 촛불 하나. 무대에 털썩 주저앉은 그들은 신발을 벗고, 가면을 벗었다. 촛불을 자신 앞으로 당겨오면 주인공이 되어 이야기를 시작했다. 등장인물 중 유일한 여자가 입을 열었다. "내 인생에서 가장 힘들었을 때는, 제가 천사도 되고 악마도 되는 순간이었습니다." 여자는 갈라진 음성으로 자신의 이야기를 꺼내기 시작했다. "제 어머니는 경계성 성격장애입니다. 저는 그 사실을 너무나 잘 알고 있습니다." 여자는 단 일 년을 제외하고는 평생을 어머니와 같이 살았다고 했다. 불과 삼 년 전, 이 지역으로 이사를 오고 나서 어머니는 혼자 지내다가 관절염이 도지고 식사도 제대로 안 해서 와상 상태가 되었다고 했다. 근처 요양병원으로 모시기까지 우여곡절이 많았다고 했다. 한 달 반 만에 집으로 모시고 왔는데, 그때 어머니가 너무 좋아하시더라고 했다. 요양병원에 계실 동안 목욕, 기저귀 갈기, 손발톱 깎기를 직접 해드렸는데, 어머니가 자신을 천사라고 했다는 거였다. 그런 말을 들으려고 한 것은 아니었지만, 기뻤다고 했다. 평상시 어머니는 작은 일에 민감해하고 사나우셨는데, 신기하게도 차분해졌다는 것이다. 심지어는 밥을 차리면, 공손하게 절을 하듯 고개를 숙이면서 "감사합니다."라고 하며, 네가 아니었으면 죽었을 거다. 고맙다, 고마워... 이런 말을 연달아서 했다고 한다. 나중에는 황송해질 정도로 고맙다고 했다 한다. 그 '천사라는 말은 오래가지 않았다고 했다. 반년이 지나기도 전에 어머니는 익숙한 욕설을 내뱉더니, 여자를 '악마라고 불렀다고 한다. 어머니를 모시기 위해 다른 도시에 있던 짐들을 정리하고, 간단히 추슬러서 이사를 왔다. 어머니가 찾는 물건이 보이지 않는다는 것이 이유였다. 악마라는 소리를 처음 들은 것은 중학교 일학년 때였다. 승차권을 사야겠다고 말하는 순간, 돈 좀 작작 써라는 말과 함께 악마라는 소리를 두 시간 동안 했다. 그때, 화장실 거울을 보면서 따라 했다. 너는 악마야. 못된 년 그때 이후

수시로 악마를 불러냈고, 급기야 몸이 회복되자마자 악마라고 몰아세우더란 얘기다. 언젠가 아이를 잠시 맡기고 직장생활을 할 때였는데 전화를 하자 아이가 대뜸 "악마다!"하고 전화를 끊었다고 했다. 나중에 왜 그랬냐고 물어보니, 할머니가 계속 네 엄마는 악마라고 했다는 거였다. 숱한 날 동안 어머니로 인해 죽고 싶었는데, 이제 여든일곱인 어머니의 손을 가만히 잡는다고 한다. 평생 어머니는 자신에게 어두운 그림자였지만, 그 어머니 때문에 치료사가 될 수 있었다고. 삼 년 전의 위기도 이렇게 지나고 보니 괜찮다고 했다. 오래도록 절대 마음이 허락하지 않았던, 어머니한테 '존경'과 '사랑'이라는 말을 붙이는 것. 이제는 얼마든지 붙일 수 있다고 했다. 어머니, 사랑합니다. 그리고 존경합니다.

여자의 앞에 촛불이 치워졌다. 콘서트 막이 내렸다. 극본도 순서도 없는 이상한 콘서트는 결국 열지 못했다. 누군가는 사회적 가면, 페르소나(persona)[73]를 벗는 것이 어디 그리 쉬운 일인 줄 아나, 그럴 줄 알았다고 했다. 해서, 나는 글로 모노드라마를 연출했다. 나 혼자 주인공이고, 관객인 이상한 콘서트. 글자가 무대 위로 활보하는 신기한 콘서트.

---

73 페르소나(persona): 고대 그리스 가면극에서 배우들이 썼다가 벗었다가 하는 가면을 말한다. 분석심리학자 융(Jung)은 이 가면을 차용해서 사회에서 요구하는 도덕과 질서, 의무 등을 따르기 위해 자신의 본성을 감추거나 다스리는 '사회적 역할 가면'의 의미로 사용하였다. 인간은 누구나 페르소나를 쓰면서 살아가지만, 페르소나를 벗을 줄 아는 용기야말로 진정한 자신을 발견할 수 있는 지름길이다.

<u>마음의 빛 45</u> **존경**

존경(尊敬)은 받들어 공경하는 것이다. 흔히 타인의 인격,
사상, 행위 따위를 공경할 때 쓴다. 존경할만한 대상한테
존경하는 것은 자연스럽지만, 자신의 가치와 판단 같은 기
준이 작용하기 마련이다. 무수한 트라우마를 줬던 대상도
과연 존경할 수 있는가? 그것은 내게 주어진 삶을 인정하
는 것을 뜻한다. 그럴 때 오랫동안 머물던 부정 에너지를
걷어낼 수 있다. 그것이 바로 놀라운 의식의 혁명이다.

마음의 빛

사람들은 누구나 세 개의 삶을 산다. 공적인 하나, 개인적인 하나, 그리고 비밀의 하나. 영화 '완벽한 타인[74]'은 이렇게 끝난다. 영화는 개인의 비밀을 공개하면서 일어나는 사건을 담고 있다. 이른바 '진실게임'. 현대인들한테 그것이 얼마나 위험한 놀이인지 말하고 있다. 핸드폰이 까발려지는 순간, 파멸의 순간들이 닥친다.

남자들은 대부분 아내 외 상대를 두고 있다. 아내들도 예외는 아니다. 삼십 년 지기 친구이지만, 어김없이 은밀한 따돌림이 존재한다. 앞에서는 친한 척하지만, 뒤돌아서서 욕하는 심보가 고스란히 탄로 난다. 비밀이 들통나자 그것을 숨기려다 겪는 해프닝이 숨 막힐 지경이다. 죽고 못 살 정도로 애정을 과시하지만, 다른 여자가 있다는 사실을 알자 차갑게 돌변한다.

---

74 완벽한 타인(Intimate Strangers): 2018년 개봉한 이재규 감독의 한국 영화.

영화는 지독히도 프로이트[75]적이다. 무의식에 꿈틀대는 성적 에너지인 리비도(libido)[76]가 삶을 좌우한다는 이론에 충실하다. 영화의 시작에서도 나왔지만, 이들이 만난 때인 '월식'은 상징적 의미를 지닌다. 영화 속 영배는 이렇게 말한다. "사람의 본심은 월식과 같아서 잠깐 가릴 수는 있어도 금세 돌아와 본모습을 보여주거든." 프로이트식 '본심'은 성과 공격으로 질척인다. 어떤 식으로든 그걸 가릴 수 없다. 분석심리학자 융에 의하면 '본심'은 그렇지 않다. 살아 움직이는 실체, 우주의 에너지와 닿는 곳이다. 심상 시치료[77]에서는 그곳을 '빛'이라 칭한다. 그 빛은 생명의 탄생부터 시작해서 영원히 존재한다. 살아가면서 자신도 모르는 동안 그 빛을 숱하게 가리게 마련이다. 많이 가릴수록 부정 에너지에 휩싸이게 된다. 그 빛은 서영은 소설의 '황금 깃털'이 아니다. 사회의 병폐에 물들지 않는 선량한 마음 정도와는 차원이 다르다. 하나씩 뽑아낼 때마다 좌절하며 세속과 타협하는 것은 더더구나 아니다. 융의 말을 빌리

75 지그문트 프로이트(Sigismund Schlomo Freud): 1856년 오스트리아 제국 모라비아 변경 백국 프라이베르크인메렌 출생. 1939년 사망. 오스트리아의 정신의학자. 생리학자. 정신분석학의 창시자. 정신분석의 이론의 중심을 성적, 공격적 욕구와 연관 지어 해석했으며 정신세계를 최초로 체계적으로 정리하고 분석했다는 것에 공헌한 바가 크다.
76 리비도(libido): 인간이 내재적으로 갖고 있는 정신적인 에너지를 일컫는다. 프로이트의 정신분석학에서 등장하는 기초 개념으로, 이드(id, 원초아)에서 나오는 성적 에너지인 성욕 또는 성적 충동 등을 가리킨다. 분석심리학자 융은 이를 좀 더 확장하여 역동적인 생명 에너지로 설명했다.
77 심상 시치료(Simsang-Poetry Therapy): 감성과 감수성으로 접근하여 오감과 초감각을 통틀어 활성화시켜 궁극적으로 인간의 영혼을 치유하는 방식으로 통합 예술·문화치유다. 2010년 박정혜가 개발해서 학계에 처음으로 발표하였고, 계속 성장하고 발달하는 심리 및 정신 치유다.

자면, 그 빛은 신의 은총이 깃든 자리다. 사라지지도 줄어들지도 않는다. 그것이 진정한 본심이고, 비밀이다. 이 엄청난 비밀을 온전히 자각하면, 삶의 형태가 바뀐다. 마음의 핵심인 빛으로 가는 과정을 '마음의 빛을 찾아서'라고 한다. 융식으로 말하자면, '자기실현'이다. 이것이 바로 인간의 핵심적인 과제이다. 분석심리학자 이부영[78]의 말에 의하면, 자기실현은 엄숙한 것도 심각한 것도 아니다. 개인이 '평범한 행복'을 구현하는 과정이다. 바로 당신 자신이 되는 것이기 때문이다.

영화 시작에서는 유년기, 이들이 영랑호를 두고 다퉜던 모습을 보여준다. 훗날 석호는 이렇게 말한다. "영랑호가 호수인지 바다인지 정답이 없죠. 바닷물도 있고 민물도 있으니까." 삶에 정답은 없다. 다만, 깊은 물을 건너 다른 대륙으로 갈 수도 있느냐, 아니면 얕은 물에 발만 담그고 노느냐의 차이가 있을 뿐이다. 프로이트식으로 보자면, 세상은 욕동의 지옥이다. 융식으로 보자면, 세상은 자기실현에 안성맞춤인 성찰의 장이다. 그리하여 인간은 각자 외딴 섬이 아니라 깊은 곳에서 모두 이어져 있을 따름이다.

---

78 이부영: 1932년 출생으로 한국융연구원 원장이다. 서울대학교 의과대학 신경정신과 교수를 역임했다. 융(Jung)학파 분석가, 국제분석심리학회 정회원이다. 융의 저작물들을 주로 번역해왔다.

마음의 빛 46 프로이트와 융의 차이

융은 프로이트의 정신분석을 전폭 지지했다. 1903년에는 프로이트의 자유연상과 억압을 객관적으로 측정할 수 있는 단어연상검사를 개발하기도 했다. 그러다가 1912년 융은 인간의 내면에는 오로지 성과 공격의 욕동의 에너지가 작용한다는 프로이트 이론에 반기를 들고 '분석심리학'을 창시했다. 융은 집단적 무의식의 측면에서 통합된 마음을 '자기'라고 표현했으며, 이곳에 신, 또는 우주의 에너지가 깃들어 있다고 했다. 인간은 개별적으로 존재한다는 것과 인간이 초월적 존재와 연결되어 있다는 것이 프로이트와 융의 결정적인 변별점이다.

'취하라'와 '즐기라'

삶에 정답이 없다. 함부로 살아도 된다는 말이 아니다. 나는 옳고 너는 그르다는 식의 잣대를 내려 놓아라는 말이다. 생각하고 판단하는 것이 삶의 형태를 좌우한다. 모든 삶의 자국은 선명하게 기록된다. 그것이 우리를 이끌어왔고, 이끌어 갈 것이다. 결국 우리가 미처 알지 못하는 차원까지 끌고 갈 것이다.

'취하라. 항상 취해 있어야 한다. 그게 전부고 유일한 문제다. 술이든, 시든, 덕이든 그 무엇이든 마음대로 어찌하든 취하라. 만물이 답할 것이다. 이제 취할 시간이라고.' 19세기 시인 샤를 보들레르[79]가 이처럼 취하라고 외치는 이유는 간단하다. '시간에 학대받는 노예'가 되지 않기 위해서다. 그 역시 무

---

79 샤를 보들레르(샤를 피에르 보들레르, Charles Pierre Baudelaire): 1821년 프랑스 파리 출생. 1867년 사망. 프랑스의 시인, 비평가, 철학자. 미술비평 『1845년의 살롱』을 통해 비평가로 먼저 데뷔했다. 대표시집 『악의 꽃(Les Fleurs du mal)』 초판을 1857년에 출간하였으나 외설성을 이유로 수록된 시 101편 중 6편이 삭제되고, 벌금형을 받았다. 1861년 40여 편을 추가하여 2판을 냈다. 후대 상징주의, 유미주의 작품에 크게 영향을 주었다.

지막지 취한 삶을 살다가 46세의 일기로 숨졌다. 굳이 보들레르의 시를 읽지 않아도 현대인들은 이 시처럼 살고 있다. 최근 5년간 알코올중독자 중 30대 미만 환자들이 급격히 증가하고 있다. 마약 중독자들의 90%가 20~30대의 젊은 층들이다. 급속히 증가하는 환자들로 인해 입원 병동이 없을 정도다. 우리나라 스마트폰 이용자 5명 중 1명 정도는 중독 위험군에 속한다. 도박, 인터넷, 주식, 비트코인, 경매, 복권 중독도 늘어나고 있다. 더욱 다채로운 매체로 보들레르의 말이 실행되고 있다. 아이러니하게도 시간의 노예가 되지 않기 위해 취하지만, 중독의 노예가 되고 만다. 노예로서의 삶은 비참하기 그지없다. 그 중독 매체가 삶의 전부다. 아무리 사랑하는 이가 있어도 소용없다. 중독된 매체 사용을 못 하게 하면 원수가 된다. 갖은 합리화로 금하라는 말조차 꺼내지 못하게 한다. 오로지 에너지가 그쪽으로 쏠려있어서 자신을 돌아볼 수가 없다. 날카롭고 불안정하고 감정 기복이 심하다. 한창 그렇게 취해 있지만, 스스로 자신을 알아차릴 수도 없다. 늪에 빠져서도 늪인지 모른다. 그러다가 결정적인 손실, 외부의 압력, 극심한 문제가 일어날 때 겨우 늪임을 알아차린다. 그 인식이 곧 치유의 성공인 것도 아니다. 때로는 땅에 올라선 듯하지만, 어느 사이엔가 다시 한 발을 담그고 있다. 늪의 경험이 있는 이들은 매일매일이 기적이고 회복의 과정이다.

보들레르의 시 '취하라'를 면밀하게 들여다보면 답이 나온다. 인간은 시간의 노예가 아니다. 시간에 쫓기듯 사는 듯하지만, 사실 시간의 흐름을 타는 존재다. 그것은 '즐길 수 있다'는 점에 있다. 달빛과 별빛을 즐길 수 있고, 흐린 날의 비, 잔뜩 구겨져 보이는 하늘, 뙤약볕에 영글어가는 열매를 보고 미소 지을 수 있다. 술이 아니라 시에, 덕에 취하라는 말이 아니다. 무엇에 취하든 자유겠지만, 이 말만은 분명하다. 노예의 처지가 싫어 망각을 위해 취한다면, 여전히 노예다. 주어진 삶을 즐길 수 있다면, 이미 노예가 아니다. 진정한 즐김은 어떤 조건과 상황이라는 단서라는 외부가 아니라 내면의 중심에서 흘러나온다. 그게 아니라면, 이미 당신은 중독이다.

샤를 보들레르(Charles Baudelaire)의 산문시 '취하라(Enivrez-Vous)'

늘 취해 있어야 한다. 모든 것이 거기에 있다 : 이것이야말로 본질적인 문제이다. 어깨를 짓누르고, 허리를 휘게 하는 시간 신의 끔찍한 짐을 느끼지 않으려면, 늘 취해 있어야 한다. /무엇으로 취할 것인가? 술이든 시든, 미덕이든, 그대가 마음 내키는 대로, 다만 계속 취하라. / 그러다가, 궁전의 계단에서나, 개울가의 푸른 풀밭에서나, 그대 방안의 적막한 고독 속에서 그대가 깨어나, 이미 취기가 덜하거나 가셨거든, 물어보라 바람에게, 파도에게, 별에게, 새에게, 시계에게, 지나가는 모든 것에게, 울부짖는 모든 것에게, 굴러가는 모든 것에게, 노래하는 모든 것에게, 말하는 모든 것에게, 지금 몇 시냐고 물어보라 ; 그러면, 바람이, 파도가, 별이, 새가, 시계가, 대답해주겠지 : 〈지금은 취할 시간이다. 시간 신에게 구속받는 노예가 되고 싶지 않거든 취하라. 늘 취해 있으라. 술이든 시든, 미덕이든, 그대가 마음 내키는 대로 〉

판단과 공감

판단과 평가가 판을 치는 세상이다. 상황과 사물에 대한 반응은 저마다 다르기 마련이다. 자신이 가진 가치척도에 따라서 옳고 그름이 매겨진다. 개인의 가치관은 겉으로는 상당히 개성을 가진 듯하다. 파고 들어가면, 세상이 외치는 논리에 휩쓸리고, 속해있는 환경이나 문화에 자기도 모르게 고정되어 있다. 자신이 아는 것이 전부라고 여기는 것은 프로크루스테스의 침대(Procrustean bed)를 실천하는 격이다. 그리스 신화 속의 프로크루스테스는 고대 그리스 아테네의 근교 도시 국가 아티카에서 살면서 행인을 유인해서 집 안으로 들어오게 한 후 자신의 침대보다 크면 큰 만큼 머리나 다리를 잘라 죽이고, 적으면 적은 만큼 몸을 늘려서 죽였다.

중국의 승천대사는 "지극한 도는 어렵지 않다. 단지 판단하는 마음을 버리는 것이다."라고 했다. 판단하는 마음을 내려놓기란 쉬운 일이 아니다. 우리의 이성은 끊임없이 판단을 종용한다. '판단을 중지'하는 것은 도를 닦는 것에만 쓰이는 고상한 말이 아니다. 철학을 조금이라도 들여다본 이들은 고개를 끄덕거릴 것이다. 현상학은 현상을 중시하는 철학이다. 현상학에 의하면 사태의 본성에 토대를 두고 형성된 방법만이 그 사태를 올바로 파악할 수 있다. 그 전제조건은 판단중지에 있다. 그것은 외부세계에 대한 믿음들, 특히 외부세계가 인간의 의식과 무관하게 자립적으로 실재한다는 믿음을 중단하는 것을 말한다. 일체의 선입견에 대해 일단 판단중지한 후 철학이 다루고자 하는 다양한 유형의 사태 자체로 귀환하는 '현상학적 환원'을 행한다. 판단중지는 현상학적 환원을 위한 전제조건이라고 할 수 있다.

판단의 잣대를 가진 채 생각을 뒤흔드는 논리는 비교적 단순하다. 자아 중심적 사고 때문이다. 내가 가진 생각만 옳고, 타인은 그르다. 한치라도 양보하지 않는다. 그런 사고는 이유 불문하고 머리를 숙여야 하는 일상에서는 잘 드러나지 않는다. 익명이 보장되고 얼굴을 가릴 수 있는 사이버 공간에서 활개를 친다. 대상을 물고 늘어지면서 공격하기 십상이다. 가수 설리의 사망 원인이 이슈다. 그녀는 악성 댓글과 루머로 시달려왔고, 평소에 고통을 호소해오며 주위에 도와줄 것을 부탁했다고 한다. 네티즌들의 악의적인 비난이 정도를 넘었지만,

제어할만한 동력은 그 어디에도 없었다.

잣대의 화신 프로크루스테스의 최후는 아이러니하다. 아테네의 영웅 테세우스가 아이갈레오스 산 부근 에리네오스를 지나가자 유인해와서 자신의 침대에서 죽이려다가 오히려 테세우스[80]한테 자신의 방식 그대로 당해 죽게 된다. 인간은 '호모 엠파티쿠스(Homo Empathicus)'즉, '공감하는 인간'이다. 자연계의 구성원들 중에서 가장 뛰어난 공감 능력을 가졌다는 의미에서 그렇게 말할 수 있다. 공감은 신경생리학적으로 보았을 때 정서와 직접 관련이 있다. 감정 중추인 변연계[81]와 거울 뉴런계[82]가 연결되어 있기 때문이다. 공감력을 충분히 발휘하지 않는다면, 성인이 되어서도 미숙할 수밖에 없다. 타인의 고통을 아프게 바라볼 수 있는 능력, 입장을 바꿔 내가 당하면 똑같이 아플 것이라는 마음이 악행을 멈추게 할 것이다.

---

80 테세우스(Theseus): 그리스 로마 신화에 나오는 인물. 아테네의 영웅이었으며, 그리스 최고의 지혜로운 영웅으로 손꼽힌다. 아테네의 왕 아이게우스의 아들, 혹은 포세이돈의 아들이라고 묘사된다.

81 변연계(limbic system): 인체의 기본적인 감정, 욕구 등을 관장하는 대뇌 신경계로 해마, 편도체, 치상회, 대상회, 원시 피질을 포함하고 있다. 이 중에서 해마는 기억의 저장과 상기에 중요한 역할을 하며, 특히 행존과 관련되어 공포를 느낄 때 편도체에 기록하게 되고, 편도체가 과다활성화하게 되면 트라우마에 노출된다.

82 거울 뉴런계(mirror neuron system): 거울 뉴런은 타인이 행하는 행위를 관찰하기만 해도 자신이 그 행위를 직접 할 때와 똑같은 활성을 내는 신경 세포이다. 마카크 원숭이 뇌 안에 있는 'F5' 영역의 발견으로 거울 뉴런계에 대한 연구를 시작했고 지금까지 계속 발전해오고 있다.

호모 엠퍼티쿠스(Homo Empathicus): 공감하는 인간

영국의 문화 사상가인 로먼 크르즈나릭(Roman Krznaric)
이 자신의 책 '공감하는 능력'에서 공감력이야말로 인간의
정수요 인간관계의 핵심이라고 했다. 공감은 상상을 십분
활용해서 상대방의 마음과 합해서 일어난 상황을 느껴보
고, 그렇게 상대방을 이해한 것을 통해 자신이 어떻게 해
야 할 것인지 지침으로 삼아 언행으로 옮길 때 힘을 발휘
하게 되고, 그것이 인간관계를 증진하게 된다고 했다.

마음의 눈동자

2048년 지구는 어떨까? 극심한 환경 오염으로 10년 안에 지구인의 절반은 죽게 된다. 인류의 새로운 고향을 찾으려는 프로젝트가 가동된다. 토성의 달인 '타이탄'으로 이주하기 위한 대원들이 선발되어 맹렬한 훈련에 돌입한다. 레나드 러프 감독의 영화 '더 타이탄(The Titan)'은 그렇게 시작한다.

대원들은 신인류로 진화하기 위해 300번 이상 주사를 맞는다. 인간 DNA를 변화시키는 효소를 주입해서 타이탄에서 생존할 수 있는 외계인이 되는 것이다. 프로젝트 책임자인 콜링우드 교수는 생체를 거슬리는 부작용으로 대원들이 죽어 나가는 것을 보고도 실험을 멈추지 않는다. 극 중 주인공인 릭 젠슨(샘 워싱턴 분) 중위는 뛰어난 신체 적응력을 보인다. 그는 대원들 중에서 살아남은 두 명 중 한 명이 된다. 타이탄으로 떠나기 직전, 이틀 밤을 집에서 보낼 수 있도록 허락을 받은 상태에서 릭은 이미 릭이 아니다. 얼굴도 체형도 '호모 타이테니언스'가 되고 만 것이다. 저주파와 촉각으로만 소통하고 물갈퀴가 달려있다. 집으로 돌아온 날 밤, 호모 타이테니언스가 된 여자 대원이 자신의 집에서 남편을 해치고 찾아온다. 급기야 군인들이 들이닥쳐 여자 대원을 사살한다. 격분한 릭은 생포 당한다. 콜링우드 교수는 릭의 아내이자 의사인 애비 젠슨에게 고통을 없애는 주사를 마지막으로 투여해서 타이탄으로 보내자고 한다. 그 주사는 화학적 절제술로 모든 기억을 사라지게 한다. 애비는 항변한다. "릭은 자신이 누구인지 내가 누구인지 아들이 누구인지 기억하지 못하게 될 거예요." 콜링우드 교수는 대답한다. 릭이 저항하는 것은 지구에 너무 많은 애착을 느끼고 있기 때문이다. 기억해서 좋을 게 뭐가 있겠냐. 이제 릭은 여기 있을 수 없으며 그는 군인이고 돌이킬 수 없다. 다행히도 과학자 프레야가 바꿔치기한 앰플을 주사하는 바람에 릭은 기억을 그대로 보존한다.

우리의 뇌는 세 부분으로 구성되어 있다. 첫 번째 부위는 후뇌로 뇌간과 소뇌로 구성되어 있다. 생명 유지에 필요한 기능을 담당하고 있으며 '파충류의 뇌'라고 부른다. 두 번째 부위는 중뇌다. 감정 기능을 담당하는 변연계가 있다. 이런 감정 표현은 포유류 고유의 행동이어서 '포유류 뇌'라고 부른다. 세 번째 부위는 대뇌 피질부[83]가 있는 전뇌로 고도의 정신 기능과 창조 기능을 관할하며 인간만이 가지고 있다. '이성의 뇌'라고 부른다. 대뇌 피질부가 발달한 덕분에 인간은 인류 문명을 창조할 수 있었다.

계획대로 기억을 제거했다면, 릭은 뛰어난 신체를 가졌으나 공감 기억을 거세한 파충류로 전락하고 말았을 것이다. 별로 흥행에 성공하지 못했던 이 영화의 백미는 바로 이 장면에 있다. 외계인으로 변한 릭은 언어로는 소통되지 않지만, 아내와 애타는 눈빛을 주고받는다. 서로를 바라보는 붉게 충혈된 눈물 맺힌 눈동자. 지금 이 시대는 함부로 날뛰는 충동을 통제하고 이성의 뇌를 더욱 발휘해야 할 시기다. 긍정의 마음으로 아름다운 감성을 담을 때 인간은 현실의 어려움을 타파해 나갈 수 있다.

---

83 대뇌피질(Cerebral cortex): 대뇌반구의 바깥층을 감싸고 있는 2~3mm의 회백질 부분이다. 대뇌의 바깥층 표면을 감싸고 있고 신경세포의 집합과 모세혈관으로 이뤄져 있으며 대뇌의 안쪽 부분에 비해 어두운 색을 띠고 있어 회백질이라 불린다.

이성의 뇌

자극된 모든 정보는 척수를 거쳐 뇌줄기에 이른다. 다시
시상을 거쳐 일차적으로 분석된 다음, 최고 중추인 대뇌피
질에 도달한다. 이때 거미줄 같은 수많은 전파 섬유가 각
성 전파를 계속 보내 대뇌피질이 맑은 정신으로 있도록 하
는데, 이 전파 섬유를 망상활성화계(그물활성화계)라고 하
며, 우리 인간의 의식을 명료하게 유지해 주는 각성 역할
을 한다. 대뇌피질부가 손상되면 인간의 고귀한 정신, 도
덕성과 양심을 표출할 수 없게 된다.

사랑의 빛

12월이다. 막달이라니. 하는 일 없이 한 해를 보냈다는 자괴감이 들기 쉽다. 게다가 12월은 행사도 많아서 후딱 지나가 버린다. 연초에 품었던 계획이 이뤄졌는지 점검해볼 시간도 없다. 이러는 통에 슬쩍, 2022년이 고개를 내밀 것이다.

어떤 말이 좋을까. 지금 이 순간, 무엇이라고 내게 힘을 줄수 있을까. 강렬한 이미지 하나를 떠올려본다. 마음의 깊은 핵심, 정중앙에 영혼의 본질이 있다. 분석심리학자 칼 구스타브융은 그곳을 자기(Self)라고 했고, 심상 시치료에서는 '빛'이라고 부른다. 그곳은 놀랍게도 우주의 에너지가 임하는 곳이다. 신앙적으로 말하자면 하나님이 임재하신 곳이다. 융을 포함해서 통합심리학을 주창했던 켄 윌버[84]도 정신의학자 데이비드

---

84 켄 윌버(Ken Wilber, Kenneth Earl Wilber): 1949년 미국 출생. 트랜스퍼스널 심리학(Transpersonal Psychology)의 대가이자 통합심리학(Integral Psychology) 분야를 대표하는 학자이다. '의식 연구 분야의 아인슈타인'으로 평가받는, 이 시대의 가장 영향력 있는 사상가 중 한 사람이다. 1998년 통합연구소를 설립했다.

호킨스도 그렇게 말했다. 이미지를 그리자면 내 마음 안, 지극히 개성적인 한 지점에 우주가 담겨 있다. 같은 의미로 말한 몇몇 이들이 있다. 신라 고승 의상은 '화엄일승법계도(華嚴一乘法界圖)'에서 "일미진중함시방(一微塵中含十方)"이라고 했다. "하나의 티끌에 온 우주가 다 있다."는 말이다. 고려 후기 승려 각운 각운: 생몰년 미상. 고려 고종 때의 승려. 혜심(慧諶)의 제자로서 스승이 지은 『선문염송집(禪門拈頌集)』 30권에 대해서 중요한 어구를 뽑아 다시 설화를 붙인 주소(注疏) 『선문염송설화』를 지었다. 이 저술은 선문(禪門)에서는 필독서가 되었다.

　은 '선문염송설화(禪門拈頌說話)'에서 "법계는 법 그대로이며 일체 제법이 서로 섞일 수 있어 시방세계가 모두 한 티끌 속에 들어갈 수 있으며, 한 티끌 역시 시방세계에 들어간다."고 했다. 하나가 모두이며, 모두는 곧 하나라는 점에서 합일의식, 무경계와 의미가 통한다. 삶의 매 순간마다 내 안의 우주가 작동한다. 혼자 고달픈 인생길을 가는 것 같지만, 꼬투리를 깨고 들어가 보면 내 안에 신이 존재한다. 인도와 네팔 등지에서 흔히 나누는 인사 '나마스떼(Namaste)'는 "내 안의 신이 당신 안의 신께 경배합니다."는 의미를 지니고 있다. 풀어서 말하자면, "이 우주를 모두 담고 있는 당신을 존중합니다.", "당신에게 마음과 사랑을 다해 경배합니다.", "빛의 존재인 당신을 존중합니다."이다. 그리하여 우리는 모두 하나다.

한국화가 벽강[85] 화백은 2015년 작품인 '마음의 빛'에서 이런 화제를 남겼다. '우리는 모두 빛인채 서로서로 빛살을 뿌리고 나누면서 드리우고 번져가며 앞으로 앞으로 나아갑니다.' 우리의 속성은 빛이다. 각자 고유한 빛깔과 파장을 가지고 있다. 그 빛은 가려질 수 있지만, 사라지지는 않는다. 스스로 빛을 경험하지 못한 채 이승을 하직하는 이들도 적지 않다. 이들에게 조차 빛은 존재한다. 빛은 퍼지는 속성이 있다. 삶은 각기 다른 빛이 퍼져서 한데 어우러지는 것이다. 빛은 사랑의 에너지로 드러난다. 즉, 마음의 먹구름을 걷어내기 위해 필요한 것이 바로 사랑이다.

지난 한 해 동안 내 사랑의 정도를 가늠해본다. 사랑이라는 명목을 내세워 간섭하고 통제한 것은 아닐까. 나는 나에게 얼마나 사랑의 빛으로 스스로를 안아 주었던가. 제대로 잘하지 못한 것 같아서 미안하다. 고개를 숙이는 순간, 기적처럼 내 어깨를 따뜻하게 잡는 손길을 느낀다. 내 안에 우주가 있고, 신이 존재하고 있다. 이 자명한 사실 앞에서 한 해가 가고, 또 온다. 모든 것이 오로지 감사할 뿐이다.

---

85 류창희(柳昌熙, Ryu Changhe): 1949년 전주 출생. 한국화가. 1970년 전북미술대전 특선 3회, 입선 1회. 1972년 전북미술대전 최고상 및 동상 2회. 1975년 국전 입선. 원광대 한국화과 교수 역임. 꿈을 통해 광활하고 원대한 우주적 치유의 에너지를 끌어 화폭에 담아내는 '몽현주기화(夢顯宙氣畵)'를 창안해냈고, 독특한 배래기법으로 한국의 정신을 작품으로 승화하고 있다.

사랑과 감사

물의 결정체를 연구한 일본의 에모토 마사루(Masaru
Emoto, 1943~2014)에 의하면, 물이 가장 아름다운 결정체
를 맺는 것이 '사랑'과 '감사'라는 말을 했을 때다. 그의 책
'물은 답을 알고 있다'에 수록된 물의 결정체는 다이아몬드
보다 더 정교하고 아름답게 맺혀져 있다. 대부분이 물로
이뤄진 인간이 스스로한테 어떻게 해야 할지 분명하게 알
려주고 있다.

행복 이야기

당신은 지금 행복하신가? 이 물음에 슬며시 미소를 짓는다면, 축하드린다. 분명 행복하다는 증거다. 이 물음에 갑자기 울컥 치받는 것을 느낀다면, 우울하다는 증거다. 행복이 무엇인지 고개를 갸웃거린다면, 우울이 만성화되었다는 증거다. 우울의 철학적 정의는 간단하다. 삶의 의미를 상실한 것을 가리킨다.

17세기 영국의 수필가였던 조지프 애디슨[86]은 이런 말을 남겼다. '이 세상에서 가장 행복한 사람은 일하는 사람, 사랑하는 사람, 희망이 있는 사람이다.' 즉, 세 범주를 하나로 엮은 사람을 말한다. 자신에게 물어보자. 지금 일하고 있는가? 사랑하고 있는가? 희망이 있는가? 세 가지 모두 맞는다면, 행복한 것이다. 그것도 가장! 여기에서 '일'은 재화를 벌어들이는 것만 말하는 것이 아니다. 긍정 에너지를 가지고 행하는 모든 것이 '일'

---

86 조지프 애디슨(Joseph Addison): 1672년 영국 출생. 1719년 사망. 영국의 수필가.

에 속한다. 소득을 얻되 범죄를 저지르는 것을 '일'이라고 하지 않는다. 특별한 소득은 없지만, 선량한 일로 이타심을 내고 있다면 '일'이라고 할 수 있다. 그러니 진정한 일 속에는 '사랑'이 존재할 수밖에 없다. 그 사랑은 삶의 성장과 성숙이라는 '희망'을 불러온다. 일, 사랑, 희망은 유기적으로 연결되어 행복으로 이어진다. 행복은 의외로 가까이에 있다. 온통 찾아 헤매던 '파랑새'는 마음속에 이미 존재하고 있다. '파랑새'의 저자 메테를링크[87]는 '자기 자신의 행복을 가장 잘 아는 사람이 가장 행복한 사람이다.'라고도 했다. 놀라운 사실을 실험해보자. 지금, 당장 소리 내어 이렇게 말해보자. "나는 지독하게도 불행하다. 되는 일이 하나도 없다!" 세 번만 반복해서 말해보자. 욕지기가 나올 만큼 더러운 기분이 들 것이다. 이번에는 이렇게 말해보자. "나는 지금, 행복하다. 모든 일들이 순리대로 제대로 흘러가고 있다." 역시 세 번만 반복해서 말해보자. 힘을 뺀 채, 강물이 광활한 바다로 흘러 들어가는 장면을 떠올리면서 말해보자. 신기하게도 기분이 좋아지면서 온몸이 이완되는 경험을 할 것이다. 인간은 굉장한 창조력을 가지고 있다. 행복하다고 느끼면, 정말 행복하다. 그 반대도 마찬가지다.

---

87 메테를링크(모리스 메테를링크, Maurice-Polydore-Marie-Bernard Maeterlinck): 1862년 벨기에 플랑드르 지방의 겐트 출생. 1949년 사망. 벨기에의 시인이자 극작가이며 수필가. 신비, 운명, 저세상에 대한 주제로 저술을 했으며 1911년 노벨상을 수상했다. '파랑새'는 1906년 6막 12장으로 쓴 아동극이며 1908년 스타니슬랍스키가 연출한 〈파랑새(L'Oiseau bleu)〉공연으로 널리 알려졌다.

황량한 연말. 흉악하고 두려운 소식들이 잔뜩 들려온다. 그런 가운데 진흙탕 속에 핀 꽃처럼 향기로운 소식이 있다. 2021년 12월의 일이다. 대구 달서구의 빌라 4층에 거주하는 한 시민은 택배기사님들을 위해 복도에 음료 바구니를 두었다. 어느 날, CCTV를 돌려보다가 깜짝 놀랐다. 택배기사님이 음료를 꺼내 들고 현관문을 향해서 인사를 하고 가더라는 것이다. 작은 것에도 마음을 표현하는 그 모습에 더욱 감사했다고 한다. 행복은 그렇게 어렵지 않다. 잠깐 멈춰서 지금, 현재, 이 순간에 대한 감사부터 시작하면 된다. 감사는 스트레스나 상처로 얼어붙은 마음을 녹여주는 아름다운 햇살이다.

<u>마음의 빛 51</u> **행복**

누구나 행복하고 싶어한다. 고대 그리스의 플라톤이나 아리스토텔레스도 행복(에우다이모니아)은 삶의 궁극의 목적이었다. 에우다이모니아(eudaemonia)는 그리스어로 '행복'이란 뜻인데, 어원적으론 'eu(good)'와 'daimon(spirit)'의 합성어다. 즉, '좋은 영혼'이란 뜻이다. 에우다이모니아는 신의 뜻과 조화를 이루는 데서 오는 것으로, 신의 섭리대로 따르면서 자기실현을 위해 최선을 다하는 삶 가운데 일어나는 것이다.

삶과 죽음

한 해 마지막 날을 앞두고 있다. 한 해 동안 어떤 일이 있었던가. 돌이켜보기 힘들다면, 후딱 새해가 되기를 바랄 수도 있겠다. 치명적인 일이 있었다면, 삶에서 이번 해를 빼버리고 싶을 것이다. 인간사는 너무나 다사다난해서, 결코 하나로 말할 수 없다.

속고 속이는 세상이다. 누구나 한 번쯤은 받아봤을 정도로 흔한 게 스미싱이다. 2021년 12월 27일 한 온라인 커뮤니티의 '하늘나라 아이에게서 온 문자'라는 글이 화제다. 아이 아빠는 삼 년 전 세상을 떠난 아이한테서 문자를 받았다. 폰액정이 깨져서 계좌번호가 필요하다는 거였다. 기쁘기도 하고 허망하기도 했다는 소감을 올렸다. 말도 못 하는 아기였고, 의료사고로 고생만 하다가 간 딸을 떠올린 아빠의 심정이 오죽했을까. 어이없긴 하지만, 아빠는 상상했을 것이다. 별 탈 없이 살아있었다면, 아이가 휴대폰을 쓸 정도로 자랐다면 얼마나 좋았을까. 살아만 있다면 뭐든지 해줬을 텐데. 더 이상 만날 수 없다는 사실에 얼마나 가슴 저렸을까. 일본 에도 시대의 하이쿠 시인 바쇼[88]는 삶과 죽음에 관한 시를 남겼다. 시의 전문을 그대로 옮겨본다. '얼마나 놀라운 일인가 / 번개를 보면서도 / 삶이 한순간인 걸 모르다니!'. 또 다른 시는 이렇다. '내 앞에 있는 사람들 / 저마다 저만 안 죽는다는 / 얼굴들일세'. 삶은 얼마나 뜬구름 같은가. 아등바등 살아도 결국 아무것도 가져가지 못하고 세상을 떠난다. 장례식에 가서 울지만, 자신도 언제 어떻게 될지 모른다. 누군가 당하는 일을 나만 피해간다는 보장이 없다. 꽃길만 걷는다는 말은 있을 수도 없다. 그런 인사는 가당치도 않거니와 달콤하게 속이는 말이다.

영화 '미드나이트 스카이[89]'의 시간은 2049년 2월이다. 지구는 더 이상 생생한 푸른빛이 아니다. 구체적으로 설명해주지는 않지만, 멸망의 원인을 짐작할 수 있다. 치명적인 실수였고 인류는 일시적으로 지하로 대피한 상태며, 모든 게 지구를 잘 돌보지 못해서 일어난 일이다. 북극권의 바르보 천문대에 어거스틴 박사가 혼자 남아 있다. 자가 혈액 투석과 약으로 겨우

---

88 바쇼: 1644년 일본 출생. 1694년 사망. 에도시대의 하이쿠 시인. 본명은 마쓰오 무네후사(松尾宗房). 당시의 하이쿠의 경박한 점을 통탄하여 교토와 에도 등지를 방랑하면서 종래의 저속을 버리고 독특한 시풍을 확립하여 하이쿠를 참다운 예술의 경지로 높였다. 기행문과 일기 따위를 많이 남겼다.
89 미드나이트 스카이(The Midnight Sky): 2020년에 개봉한 조지 클루니 감독의 미국 영화.

연명해가는 그는 고독 속에 파묻혀 있다. 몇 알밖에 남지 않는 약이 마지막 때를 암시하고 있다. 그는 자주 과거, 열의에 차올라 연구하던 때를 회상한다. 사랑하는 연인과 아이를 팽개치고 북극에 남았다. 우주를 연구하는 숱한 업적을 세웠지만, 정작 아이 얼굴을 제대로 본 적이 없다. 그런 선택이 옳았는지 확신할 수도 없다. 세상도 그도 다만 죽어갈 뿐이다. 혼자 남은 숙소에 갑자기 한 아이가 나타난다. 실어증에 걸린 것 같은 아이는 아이리스 꽃을 그리며 존재를 알린다. 아이가 나타났기에 남자는 모험을 감행한다. 우주탐사선 중에 유일하게 살아남은 '에테르호'와 교신하기 위해 남자는 악천후를 헤치고 하젠 호수 기상관측소를 향한다. 우여곡절 끝에 도착한 그곳에서 탐사선에 탑승한 여자와 교신하게 된다. 여자는 자신의 어머니 이름을 말하고, 연이어 자신의 이름을 아이리스라고 밝히자 남자는 알고 있다며 간신히 속삭이듯 말하며 운다.

낯선 아이가 나타났을 때 에테르호는 마침 정상 궤도를 이탈한 상태였다. 신비하고 위험한 운행을 하고 있을 때, 박사한테 돌연 나타난 것이 소녀다. 소녀는 박사가 만들어낸 허상일까? 알 수 없는 차원에서 보낸 딸의 선물일까? 영화 '인터스텔라'에서 우리는 시공간이 휘어질 수 있다는 과학적 사실을 맛본 바 있다. 주인공 쿠퍼가 딸 머피한테 돌아오기 위해서 2주가 걸린 반면, 지구의 시간은 80년이었다. 우주는 3차원에 사는 우리가 가히 짐작할 수 없는 놀라운 비밀로 가득 차 있다. 물리학자 미치오 카쿠[90]는 우주는 끈의 교향곡이며 신의 마음은 11차원 초공간에 울려 퍼지는 우주의 음악이라고 했다. 사실, 우리 안에 우주가 있다. 새로운 행성으로 향하는 우주선이 몸속의 몸, 에너지체를 뜻하는 '에테르'인 것도 상징적이다. 그리고 박사의 딸 '아이리스'라는 이름은 '좋은 소식'이라는 뜻을 지니고 있다.

현재를 생생하게 살아나가는 비결이 있다. 언제나 이어질 것 같은 현재가 아니라는 사실을 깨닫는 것이다. 좀 더 쉽게 말하자면, 생의 마지막이 있다는 사실을 알아차리는 것이다. 이 땅에서의 삶은 언젠가는 종지부를 찍게 된다는 사실을 깨닫는 것, '죽음'이 곁에 있다는 진실을 아는 것이다. 생각해보라. 오늘만 살 수 있다면, 매 순간이 너무나 귀해서 권태 따위는 생각할 겨를이 없을 것이다. 생애 마지막 순간, 나는 어디에서 무엇을 하고 있을까? 죽음을 생각하는 것이 끔찍한 일이라고 여겨진다면 오산이다. 마지막이 있기에 현재가 더없이 빛난다. 사실, 위대한 업적을 이룬 이들은 늘 그런 마음으로 하루하루를 살았다.

---

90 미치오 카쿠(加來道雄, Michio Kaku): 1947년 미국 캘리포니아 산호세 출생. 미국의 물리학자이자 미래학자. 뉴욕시립대학교 석좌교수. 물리학의 대중화에 전력을 기울여왔다.

자주 상상해볼 일이다. 이 세상을 끝내게 되는 날, 어떤 마음으로 눈을 감을지. 모조리 놓고 갈 것에만 여전히 눈독을 들이고 있는 것은 아닌지. 느닷없는 스미싱으로 인해 딸을 그리워하는 심정의 한 자락을 잡고, 지금 현재를 들여다본다. 한 해의 마지막 날, 사랑을 담은 문자를 전할 이들이 있으니 감사하다. 먼저 하늘로 간 이들한테도 마음을 보낼 수 있어서 감사하다. 한 해의 마지막과 새로운 시작을 앞두고 있다. 새해의 하늘을 만나기 직전 지금은 내 안의 우주, 근원적 힘을 발동할 때다. 내가 나한테 수고와 격려의 악수를 하며 다독여주고 토닥여주자. 올 한 해 정말 수고 많았다고, 새해에는 분명 빛나는 축복이 깃들 것이라고.

<u>마음의 빛 52</u> 웰다잉(Well-Dying)과 웰빙(Well-Being)

웰다잉은 인간으로서 존엄하게 생을 마감하는 것을 뜻하며 웰엔딩(Well-Ending)이라고도 한다. 좁게는 무의미한 연명의료의 중단과 호스피스·완화의료를 의미하며, 확장한 뜻으로는 일상에서 죽음에 대해 성찰하고 준비하면서 현재를 소중히 여기며 살아가는 과정 전반을 의미한다. 웰다잉은 자연스럽게 웰빙으로 연결된다. 웰빙은 육체적·정신적 건강의 조화를 통해 행복하고 아름다운 삶을 추구하는 삶의 유형이나 문화를 통틀어 일컫는 개념이다. 그래서 삶과 죽음은 한 꾸러미 안에서 존재한다.

천국에만 있는 게 아닌 천국

상상해본다. 다 주고도 더 주려는 이들이 있다. 받기보다 주려고만 하는 이들이 있다. 누군가 따지고 들면 무턱대고 화내기보다 그런 이유가 어디에 있는지 자신을 돌아보는 이들이 있다. 그렇다고 자신에게 함부로 화살을 쏘아대지 않는다. 자중자애하기 때문이다. 자신을 귀히 여기는 것만큼 타인과 세상을 존중한다. 누군가 비난하거나 조롱을 해오면 오히려 그들을 위해 용서를 빈다. 난폭하게 공격하는 이들의 감긴 내면의 눈에 대해 가슴 아파한다. 그런 이들이 모인 곳을 무엇이라고 하는지 아시겠는지? 그곳은 천국이다.

아무런 조건 없이 생면부지의 사람한테 자신의 신장을 떼어준 이가 있다. 상상이 아니다. 박옥남, 박옥순 씨 이야기다. 순수 신장을 기증한 언니 박옥남 씨가 건강하게 잘 지내고 있는 모습을 보고 동생 박옥순 씨도 신장을 기증했다. 그녀의 나이

199

47세 때였다. 자매가 같이 순수 신장 기증인이 된 사례는 국내에서 처음이었다. 2022년 1월, 박옥순 씨는 70세의 나이로 세상을 떠났다. 위암 3기 진단을 받고 폐까지 전이된 상태에서 그녀는 더 이상의 치료를 거부했다. 집에서 임종을 맞이하겠다고 한 다음, 시신 기증의 뜻도 밝혔다. 생전의 소망대로 그녀의 시신은 의과대학에 기증되었다. 신장을 떼어낸 자리에 다시 신장이 자란다면 몇 번이라도 더 나눠주고 싶어 했다고 한다. 그녀는 천사다. 천사가 사는 곳이니 이 세상은 천국임이 분명하다. 그렇지 않다고 고개를 내젓고 싶은 충동을 잠시 유보해보자. 그렇다고 여기가 지옥은 아니지 않은가. 이 모든 판가름은 사실 마음속에 있다. 웰빙과 웰다잉을 실천하며, 이타적인 삶을 살았던 박옥순 씨는 생전에도 천국이고 사후에도 그러하다. 올해 일월에 타계한 틱낫한 스님은 이런 말씀을 남겼다. "가르친다는 것은 말로만 되는 게 아닙니다. 그 사람이 어떻게 사느냐, 그것이 가르침입니다. 내 삶이 내 가르침이오, 내 삶이 내 메시지입니다." 그녀의 삶 자체가 이제 사회 전체의 메시지와 가르침이 되었다.

다시 상상해본다. 오직 사랑만이 가득한 곳, 환한 빛 가운데 박옥순 씨가 있다. 그저 베풀고 다만 감사할 뿐, 흐르는 물처럼 살았던 그녀가 활짝 웃고 있다. 그녀의 머리에 얹힌 향기로운 화환과 하얀 옷 위로 빛줄기가 쏟아진다. 가치관에 따라 사람을 판단하고 평가하며, 기준에 차지 않으면 내치며 가차 없이 비난하는 현실. 조금이라도 손해 볼 것 같으면 난리 법석을 떨며 기를 쓰면서 챙기는 이득. 엄중한 조건적 잣대가 아니면 하지 않는 사랑과 용서. 그러니 절대로 용서할 수 없는 대상이 늘어나는 삶. 그게 바로 지옥이다. 반면, 아무런 조건 없는 용서와 사랑, 어린아이와 같은 순수함이 천국이다. 이제, 어떻게 살 것인지 자신에게 물어보자. 지금 내 마음속은 어디가 가까운가. 원하건대 빛을 향하길! 더없이 스스로한테 진술하길! 죽으면 놓아두고만 가는 보이는 것들과 점점 작별하는 용기를 내길 감히 빈다.

마음의 빛 53 사랑과 용서

사랑과 용서를 실행한 대표적 인물은 손양원 목사다. 그는 1902년 경남 함안 칠원읍에서 태어나서 1950년 북한군한테 잡혀 총살당했다. 1948년 여순사건 때 반란군에 의해 두 아들이 살해당했다. 그는 장례예배 때 다음과 같이 감사기도를 드렸다.

"제가 이 시간에 무슨 답사를 하고 무슨 인사를 하겠습니까마는 그래도 하나님 앞에 감사하는 마음이 있어서 몇 말씀 드립니다. 첫째, 나 같은 죄인의 혈통에서 순교의 자식들이 나오게 하셨으니 하나님 감사합니다. 둘째, 허다한 많은 성도들 중에 어찌 이런 보배들을 주께서 하필 내게 맡겨주셨는지 그 점 또한 주님 감사합니다. 셋째, 3남 3녀 중에서도 가장 아름다운 두 아들 장자와 차자를 바치게 된 나의 축복을 하나님 감사합니다. 넷째, 한 아들의 순교도 귀하다 하거늘 하물며 두 아들의 순교이리요, 하나님, 감사합니다. 다섯째, 예수 믿다가 누워 죽는 것도 큰 복이라 하거늘 하물며 전도하다 총살 순교 당함이리요, 하나님 감사합니다. 여섯째, 미국 유학 가려고 준비하던 내 아들, 미국보다 더 좋은 천국에 갔으니 내 마음이 안심되어, 하나님 감사합니다. 일곱째, 나의 사랑하는 두 아들을 총살한 원수를 회개시켜 내 아들 삼고자 하는 사랑의 마음을 주신 하나님 감사합니다. 여덟째, 내 두 아들의 순교로 말미암아 무수한 천국의 아들들이 생길 것이 믿어지니 우리 하나님 감사합니다. 아홉째, 이 같은 역경 중에서도 이상 여덟 가지 진리와 하나님 사랑을 찾는 기쁜 마음, 여유 있는 믿음 주신 우리 주 예수 그리스도께 감사합니다. 열 번째, 이렇듯 과분한 축복 누리게 되는 것을 감사합니다." 손양원 목사는 아들들을 살해한 안재선을 용서할 뿐만 아니라 양자로 삼고 사랑을 베풀었다.

영화 '위트니스[91]'의 종

이 영화는 하늘거리는 들풀들로 시작한다. 하늘과 초원 사이로 상복을 입은 이들이 지나간다. 죽음은 슬프지만, 애도는 과하지 않다. 모든 것을 신의 섭리로 받아들인다. 1984년, 펜실베이니아에 거주하는 아마시가 등장한다. 이들은 18세기 전원 공동체식으로 자급자족하며 그들만의 전통을 지키면서 살아간다. 아미시(Amish)는 개신교 재침례파 계통의 신도들이다. 영화 내용은 이러하다.

최근 남편과 사별한 아미시인 레이첼은 여덟 살 난 아들 사무엘과 기차역에 있다. 사무엘이 화장실에 있는 동안 살인이 일어났다. 형사 존은 유일한 목격자인 사무엘을 경찰서로 데리고 온다. 아이의 진술에 의지해서 유력한 용의자들을 보여 주지만 찾지 못한다. 그러다가 아이는 진열장에 있던 고참 경찰 맥피의 사진을 지목한다. 거대한 마약과 경찰의 비리를 알

---

91 위트니스(Witness): 1985년 개봉한 피터 위어 감독의 미국 영화.

게 된 존은 위기에 처한다. 그는 레이첼과 아이를 데리고 아마시 마을로 피신한다. 그 과정에서 맥피가 쏜 총에 맞은 존을 레이첼은 지극하게 간호한다. 마침내 회복한 존은 아마시 마을에 머물면서 그들과 어울려 살아간다. 존은 소젖을 짜거나 헛간을 세우는 일에 동참한다. 마을 사람들과 함께 마차를 타고 도시로 간 날이었다. 불량배 몇 명이 이들을 막아서며 놀렸다. 먹던 아이스크림을 뺨에 갖다 대며 조롱하기도 했다. 이 모든 수난을 그저 묵묵히 참아내는 아마시들. 그들의 사고방식은 사무엘의 조부가 하는 말 속에 담겨 있다. "사람의 손으로 만든 총은 사람 목숨을 앗아가지. 우린 목숨을 뺏는 것이 옳지 않다고 믿는다. 그건 하나님만 하실 일이다." 영화의 백미는 이렇다. 경찰 수장 폴을 비롯한 맥피 일당들이 무장한 채 존을 찾아온다. 존은 사력을 다해 이들과 대항한다. 마지막까지 남은 폴이 존과 사투를 벌인다. 인질로 잡힌 조부는 사무엘한테 종을 치라는 몸짓을 보낸다. 종이 울리고 들일을 하던 마을 사람들이 달려온다. 쟁기마저 다 놓고 빈손으로 모인다. 총을 겨누던 폴 세이커한테 존은 울분을 토한다. 이 사람도 죽이고 나도 쏠 건가? 이 아이도? 그렇게 하고 싶은 건가, 폴? 결국 폴은 총을 내려놓고 고개를 숙인다. 영화를 처음 만났던 고등학생 때, 이 장면에서 눈물이 났다. 비폭력이 폭력을 물리친다고? 이 어처구니없는 발상이 너무나 아름다웠다. 최근 보도에 의하면 아미시 공동체는 봉쇄 조치 없이 무사히 팬데믹을 통과했다. 그들이 좋아하지 않는 것은 정부, 공교육시스템, 의료시스템이다. 그런 그들한테 나쁜 콜레스테롤을 낮추고 심장병에 걸리지 않게 도와주는 놀라운 유전변이가 발견되기도 했다.

2022년 2월 7일, 익산 한 장례식장에서 조직폭력배끼리의 싸움이 일어났다. 각목을 들고 패싸움을 벌인 것이다. 이들뿐이겠는가. 처절한 이권 다툼이 혈안인 현대인들에게 영화 '위트니스'는 잠든 양심의 종을 울린다. 그 종은 들을 귀 있는 자들이 들을 수 있을 것이다.

마음의 빛 54 선과 악

악한 일을 저지르고 승승장구하는 이가 많다. 양심 하나 없이 살아도 잘 사는 듯하다. 정신의학자 호킨스는 '의식혁명'에서 이런 말을 했다. "우주의 모든 것은 특정 주파수의 에너지 패턴을 지속적으로 방출하는데 그러한 에너지 패턴은 항시 남아 있다. 모든 말, 행위, 의도가 영구적 기록을 창조한다. 모든 생각이 알려지고 영원히 기록된다. 비밀은 없다. 감춰지는 것은 없으며, 감춰질 수도 없다. 우리의 영은 모두가 볼 수 있도록 시간 속에서 벌거벗은 채 있다. 만인의 삶은 최종적으로 우주 앞에서 책임진다." 그러니 어떻게 살아야 할까?

지상주의에 관하여

눈과 손을 끄는 것은 다분히 감각적이다. 네이버 콘텐츠제휴 73개의 언론사에 대한 2021년 데이터를 분석한 결과 가장 많이 읽힌 뉴스는 저질이었고 연성화된 뉴스였다. 기자협회보에 따르면 이를 '페이지뷰(PV)'에만 혈안이 된 'PV 지상주의'라고 밝혔다. 100만 뷰가 넘은 기사들이 많았지만, 사회적 중요한 이슈가 있는 기사는 드물다는 것이다.

'지상주의' 앞에 명사가 붙어 표방되는 뜻들은 대부분 끔찍하다. 오직 한 방향만 바라보게 한다. 외모 지상주의, 물질 지상주의, 행복 지상주의, 결과 지상주의, 실력 지상주의, 학력 지상주의, 종교 지상주의 등등이다. 그것에만 몰리는 이유는 '최고'라는 인식 때문이다. 입맛에 맞게 설정한 최고의 기준으로 값을 매긴다. 그 과녁에서 빗나가면 눈 밖으로 벗어난다. 가치 판단에 따라 뚜렷한 경계를 짓게 된다. 경계선 안에 들어오지 못하면 가차 없다. 그런 까닭에 목숨을 걸게 된다. 자신이 정한 가치에 목매다는 꼴이다. 개인뿐만 아니라 사회도 그러하다. 이미 우리 사회는 온갖 지상주의의 밭이 되고 말았다. 이렇게 해야 최고가 된다는 아우성이 곳곳에 즐비하다. 최고가 아니면 아무것도 아니라는 인식이 파멸로 몰아간다. 현대인들의 자존감은 점점 떨어지고 불안은 올라가는 이유가 바로 여기에 있다.

원래 '지상주의'는 러시아 화가 말레비치[92]가 창시한 선구적 추상회화의 이념이다. '절대주의'라고도 부른다. 1913년 말에 그는 흰 바탕에 검은 정사각형을 두 개의 연필로 칠한 그림을 전시했다. 비대상적, 비재현적인 감각과 지각을 회화예술의 궁극적 지점으로 삼았다. 그의 절대주의는 플라톤[93] 식으로 말하자면, '이데아[94]'의 추종이다. 모든 존재와 인식의 근거가 되는 초월적 실재가 바로 '이데아'다. 이는 감각 세계의 너머에 있는 실재이자 모든 사물의 원형이다. 이데아의 속성은 '진리'다.

92 말레비치(카지미르 세베리노비치 말레비치, Kazimir Severinovich Malevich): 1878년 우크라이나 출생. 1935년 사망. 러시아 화가. 절대주의 운동을 전개하고 기하학적 추상화에 의한 지적 화면 창조에 노력을 기울였으며, 구성주의를 신봉하였다.

93 플라톤(Platon): 기원전 428년경 고대 그리스 아테네 출생. 424년경 사망. 철학자. 모든 사물의 본질에 '이상적인 형상'이 있다는 이데아론을 주장했다. 저술한《대화편》에서 스승 소크라테스의 사상과 삶의 모습을 상세히 기록해 놓았다. 최초로 아카데미를 세워 수많은 제자들을 길렀으며, 그중 한 명이 아리스토텔레스이다.

94 이데아(idea): 플라톤 철학의 중심 개념으로 모든 존재와 인식의 근거가 되는 항구적이며 초월적인 실재를 뜻하는 말이다. 근대에는 인간의 주관적인 의식, 곧 '관념'을 나타내는 말로 사용되었다.

하이데거는 현상계에서 진리가 일어나는 다섯 가지 본질적 방식을 예술작품, 사회적 행위, 존재에의 가까움, 희생, 사유라고 한 바 있다. 그러니 지상주의의 뿌리는 이 세상의 것이 아니다. 물질과 감각에 그 이름을 붙이는 것은 오독이다. 본뜻이 비틀어진 채 굳어져 버렸다. 원래 지상주의의 행위를 하이데거식으로 말하자면, '맨머리로 서서 신의 빛살을 제 손으로 붙들어 노래로 감싸주는 시인'이다.

지상주의의 참뜻으로 보자면, 경계는 허물어진다. 삶은 성숙을 위한 현상의 장이기 때문이다. 하늘에 뿌리를 두는 모든 것이 그러하듯 노력은 경건하고 과정은 성스럽다. 옷깃을 여미며 정진하게 한다. 흔히 쓰는 지상주의로 보자면, 그것은 크고 넓은 문이다. 좁은 문에다가는 손가락질하기도 한다. 우르르 몰려가기도 쉽다. 그러다가 고꾸라지고 다치기 일쑤다. 좁은 문은 가난하다. 그렇지만 이 세상은 유한하나, 하늘은 무한하다. 이 원리대로라면 이제, 어떻게 해야 할까.

<u>마음의 빛 55</u>　**지상주의에 대하여**

지상주의 앞에 명사를 덧붙여서 말하면, 대개 그 명사가 가리키는 것을 가장 으뜸으로 삼는 주의를 말한다. 예술, 외모, 커피, 실력, 자유 등등... 갖다 붙이기 나름이다. 그렇지만 명사를 붙이지 않고 '지상주의'라고 할 때, '절대주의'의 다른 이름으로 쓰이며, 말레비치가 창시한 선구적 추상회화의 이념을 뜻한다. 지상주의는 절대적인 순수를 표방하고 있다.

신나게 사는 것

식목일이 지났다. 나무한테 미안할 노릇이다. 불바다 앞에 인간은 얼마나 속수무책이었던가. 동해 산불 진화의 결정타는 봄비였다. 60대 방화범의 86세 어머니도, 진화 작업 중이었던 소방관도 숨졌다. 한 인간이 앙심을 품고 저지른 처참한 결과다. 인간은 한계를 모른다. 꿈 너머 꿈을 볼 줄 아는 존재다. 선행으로도 악행으로도 그러하다. 어느 쪽을 향해 바라보는지에 따라 달라진다.

인간 창조의 순간을 들여다보자. 시스티나 예배당 중앙 천장화 중 네 번째에 '아담의 창조'가 있다. 미켈란젤로는 구약 성경에 근거해서 최초의 인간을 이렇게 표현했다. 신은 지천사인 케루빔[95]에 둘러싸여 있다. 그 왼쪽에서 아담은 아무것도 걸치지 않은 채 비스듬하게 앉아있다. 한쪽 다리를 세우고 다른

---

95 케루빔(Cherubim): 기독교에서 두 번째로 높은 계급의 천사인데, 보통 '아기 천사'의 모습으로 묘사된다.

쪽 다리는 뻗은 채다. 시큰둥하기 그지없다. 치켜세운 무릎 위에 한 팔을 올려두고 있다. 신은 전력을 다해서 인간과 접촉을 시도한다. 신의 손가락은 간절함으로 가득 차 있다. 반면 신 따위에는 관심도 없다는 듯 인간의 손가락은 늘어져 있다. 조금만 더 의지를 내면 신과 닿을 텐데도 그렇게 하지 않는다. 있든지 말든지 상관없다는 식이다. 아예 신이 있는 것을 모르는 듯하다. 오만하기 이를 데 없다. 그저 집게손가락 하나만 들어 올려도 신과 잇닿을 텐데 그럴 기미조차 보이지 않는다. 인간의 강한 근육질 몸은 당당하다 못해 권태롭다. 인간과 신의 관계를 나타낸 미켈란젤로의 절묘한 혜안이라니! 인간이 신을 부르짖을 때조차 이러할지도 모른다. 오로지 일신을 건사하기 위해 신을 호출하나 동시에 신을 지운 채 허공에 대고 기도하는지도 모른다. 신과의 연결을 거부한 채 신의 말을 들으려고도 하지 않는다. '내 말만 들어주세요, 신은 원래 말 못 하는 존재 아닌가요?'라는 식이다. 다만, 얼굴은 몸의 이런 반응과 사뭇 다르다. 눈은 신을 향해 몰입하고 있다. 경외와 두려움과 당혹과 열망이 골고루 배여 있다. 해서 얼굴과 몸은 따로 논다. 신을 향하고자 하는 마음을 몸이 배신하고 있는 형국이다. 몸 안에 갇힌 영혼이 침묵의 비명을 지르는 듯하다.

인간이 신을 아는 것은 소명이고, 신과 감응하는 것은 사명이다. 무소부재한 신이 내 마음 안에 들어오지 않을 리가 없다. 만물에 깃들지 않을 리도 없다. 깊은 내면에서 신을 만나는 것은 그리 어려운 일이 아니다. 미켈란젤로의 아담처럼 신을 도외시하거나 회피할 때 비극이 일어난다. 2022년 4월 1일, 베트남 하노이의 한 고교생이 부친이 보는 앞에서 28층 집에서 투신하고 말았다. 공부 감시를 위해 부친이 설치한 CCTV에 아이의 마지막 행적이 남아 온라인으로 퍼졌다. 자라나는 나무를 꺾은 것도 신을 무시한 끔찍한 발상 때문이다. 부모는 감시와 통제로 아이 안의 신을 죽였다. 신나는 것은 내면의 신이 활성화되는 것을 일컫는다. 부디 신이 날 수 있게 살고, 그렇게 살 수 있게 배려해 보자.

마음의 빛 56 나마스테(Namaste)

인도, 네팔, 티벳 등지에서 나누는 인사말 중에 산스크리트어에서 나온 나마스테가 있다. 나마스테는 나마스(Namas)와 테(Te)로 나눌 수 있는데, 나마스(Namas)는 경의, 복종과 귀의(歸依)한다는 의미가 담겨 있으며, '나무아미타불'의 '나무'가 '나마스'에서 왔다. 테(Te)는 '당신에게'라는 의미이다. 그래서 '당신 안에 있는 신께 경배를 드립니다.'라는 의미를 가지고 있다. 인간한테 존재하는 신을 인식하는 인사말이다.

성격검사 유감

성격이 운명을 좌우한다? 일견 맞는 말 같지만, 그렇지 않다. 'personality'는 정신의학에서 '성격', 또는 '인격'으로 해석해서 'personality disorder'라고 할 때, 이를 '성격 장애' 혹은 '인격 장애'로 번역한다. 사실 성격과 인격은 다르다. 인격은 사람으로서의 품격을 말하고, 성격은 고유한 성질이나 품성을 일컫는다. 정신 역동적으로 보자면, 성격은 심리 내적 갈등을 조정하는 개인의 습관적인 양식이다. 대개 성격의 40%는 유전적이고, 생후 7년간 경험으로 결정된다고 본다.

일반적으로 많이 하는 성격검사가 'MBTI[96]'이다. 분석심리학자 융(Jung)의 이론에 근거하여 모녀인 브릭스와 마이어스가 개발했다. 인식과 판단, 내향성과 외향성, 감각과 직관, 사고

---

96 MBTI: 마이어스-브릭스 유형 지표(Myers-Briggs-Type Indicator, MBTI)의 줄임말이다. 작가 캐서린 쿡 브릭스(Katharine C. Briggs)와 그녀의 딸 이자벨 브릭스 마이어스(Isabel B. Myers)가 카를 융의 초기 분석심리학 모델을 바탕으로 1944년에 개발한 성격 유형 선호 지표다. 사람의 성격을 16가지의 유형으로 나누어 설명하는 형식이다.

와 감정으로 16가지 유형을 나눈 자기 보고식 검사다. 성격 유형에 따라 선호하는 색깔, 디자인으로 제품을 만들고 이 성격에는 이것을 추천한다는 식으로 활용하기도 한다. 흔하게 따라오는 것은 직업군인데, 이 성격에는 이 직업이 맞다는 식이다. 이렇게 진학 지도, 기업 마케팅으로 활용하는 것에서 나아가 최근에는 채용에서도 적용한다고 한다. 특정 유형을 배제하겠다거나 외향형을 우대한다는 식이다. 이는 성격을 인격으로 오인한 것뿐만 아니라 억지 춘양 격이다. 내향성과 외향성의 본래 의미는 흔히 알고 있는 것과 다르다. 소극적이고 조용하고 표현을 잘 하지 않는 것은 내향성, 도전적이고 진취적이며 활동적인 것이 외향성이라고 융은 말한 적이 없다. 융은 오로지 정신적 에너지 방향성으로 이를 구분했다. 즉, 주체보다 객체에 관심을 두고 외부의 기준에 따라 판단하고 행동하는 태도를 '외향적 태도', 내부세계로 향하면서 객체보다 주체에 관심을 두고 객관적 상황보다 자신의 주관적인 기준에 따라 판단하고 행동하는 태도를 '내향적 태도'라고 했다. 또 융은 서양인이 갖는 외향적 태도의 일방성을 비판하고, 동양의 내향적이며 전일적 사고를 강조했다. 그뿐 아니라 융은 인격이 통합되기 위해서는 인간은 내향적 태도로 자기 안으로 들어가야 한다고 보았다. 내향성은 35세에 시작해서 40세에 본격적으로 활성화할 수 있다고도 했다. 또한, 자아(ego)가 의식의 중심이라면 자기(Self)는 의식과 무의식을 포괄하는 전체 정신의 중심이고 '신적인 은혜를 위한 그릇'이라고 했다. '자기'를 향해 가는 과정이 바로 에너지 중심을 내면으로 돌리는 '내향성'의 과정이다. 그 과정을 거부해서 자아가 자기로부터 멀어져서 관계를 상실할 때 신경증이 생긴다는 것이다.

세상이 거꾸로 돌아가고 있다. 정작 융이 'MBTI'의 현대판 활용도를 알면 대경실색하고 말 것이다. 신성한 것에 대한 성실하고 주의 깊은 관조의 자세, 렐리기오(religio)가 필요하다. 성격 유형의 그 어떤 것도 '내면의 속삭임'을 따라가지 못한다. 그것이 바로 진정한 운명이 된다.

마음의 빛 57 **렐리기오**

라틴어 렐리기오(religio)는 신적인 존재에 대한 경외, 경건, 종교심이나 신앙심으로 숙연한 태도를 말한다. 초월적인 존재에 대한 깊은 인식이 바탕이 되어야 나올 수 있는 자세다. 보이는 것이 전부가 아니라 보이지 않는 영적인 세계에 관심을 갖고 탐구하다 보면, 렐리기오가 일어날 수밖에 없다. 결국은 신을 닮은 인간의 삶 또한 렐리기오적이다.

씨가 되는 말

　말은 씨가 된다. 그 씨는 막강하게 자라난다. 긍정이든 부정
이든 그렇다. 말은 생각과 느낌을 함께 담은 에너지다. 그래서
말을 가려 하고 잘해야 한다. 현실은 어떤가. 국립국어원에서
2005년부터 5년마다 조사하는 '국민의 언어 의식 조사'에 의하
면, 염치없다. 2020년 결과를 보면, 우리 국민 10명 가운데 5명
은 욕설이나 비속어를 사용한다. 기분이 나쁠 때만 쓰는 것이
아니다. 습관적으로 사용하는 경우가 급속히 늘어나고 있다.
온라인 소통이 일상화되면서 욕설과 비속어가 쉽게 전파되었
다. 국립국어원 측은 일상적으로 욕설과 비속어를 주로 접하
면서 문제의식 없이 습관적으로 사용하는 이들이 증가하고 있
다고 보았다.

　2022년 6월 4일 일본 교토에서 '2022 제28회 재일본 한국 학
생 한국어 말하기 대회'가 열렸다. 일본학교부와 한국학교부

로 나누어 행사를 열었고, 모두 21명이 참가했다. 홋카이도에 살면서 일본학교에 다니는 김세나 학생은 '깡다구'라는 말을 알렸다. 어릴 때부터 어머니한테 깡다구가 있다는 말을 들었다고 했다. 그 말에 관심을 가지고 뜻을 알고부터 그 '깡다구'가 자신의 성격이 되었다고 했다. 말의 씨앗이 옳게 뿌려진 셈이다. 일본에서 한국어 말하기 대회가 열린다는 사실은 무척 뜻 깊다. 일제강점기 때의 선조들은 지금이 천지가 개벽한 시대라고 할 것이다. 아예 우리 말을 할 수 없도록 핍박받은 시절이 있었다. 그렇게 자행한 일본에서 우리 말 대회를 개최하다니, 감개무량할 따름이다. 정작 우리나라 안에서는 어떠한가. 속사정을 알면, 선조들은 입을 벌릴 것이다. 할 말 안 할 말 해대고, 생각 없이 충동적으로 내뱉고, 상처 주고받는 말을 함부로 하는 경우는 또 얼마나 많은가. 중요한 것은 내가 한 말이 부메랑이 된다는 사실이다. 비속어를 할수록 내가 뱉은 비속어의 주인공이 되고 만다.

2021년 스마트학생복의 조사에 의하면, 현재 청소년들은 습관적으로 줄임말, 신조어를 73.1%나 사용한다. 주로 메신저나 SNS, 일상 속 대화, 게임 등에서 쓴다. 편해서, 친구들이 많이 사용해서, 재미있어서, 유행에 뒤처지고 싶지 않아서 그렇게 한다. 대부분 그런 줄임말과 신조어를 계속 사용해도 된다고 여겼다. 반면, 사용하지 않아야 한다고 한 학생은 백 명 중 다섯 명 정도였다. 비속어 또한 적절한 상황에서 써도 괜찮다고 생각하거나 이미 습관이 되어버렸다고 하는 학생이 과반수였다.

우리 언어 습관에 비상등이 켜진 지 오래다. 언어 훼손과 언어파괴가 비일비재하다. 방송을 포함한 영상 콘텐츠들에서 그 정도는 심각한 수준이다. 글자를 이상하게 조작해서 자막을 더욱 자극적이고 웃기게 달려고 안간힘을 쓴다. 말의 손상은 정신의 손상을 반영한다. 삶의 뿌리 같은, 긍정에너지를 나한테 주는 한글 하나를 간직해보자. 그 말을 하루에도 수십 번씩 속으로 겉으로 자주 해보자. 분명 뿌린 대로 거둘 것이다.

마음의 빛 58 심상 시치료 기법-말의 힘

통합 예술·문화 치유인 심상 시치료의 '말'에 대한 기법은 이러하다. 종이를 반으로 접어서 종이의 왼쪽에 하루에 자주 쓰는 말을 적는다. 겉으로 내뱉는 말 혹은 속말이어도 된다. 단, 솔직하게 적어야 한다. 종이의 오른쪽에는 스스로 해주는 에너지가 되는 말을 적는다. 이때, 물질이나 상황을 적으면 안 된다. 내면에서 힘이 되는 말, 비물질(마음과 정신)적인 말을 적는다. 왼쪽과 오른쪽을 펼쳐놓고 보면, 같다면 다행이지만 확연하게 다르다면, 언어습관을 성찰해볼 수 있다. 그리고 에너지가 되는 말을 하루에도 여러 번, 생각날 때마다 반복해서 말해주면 된다. 말의 힘을 제대로 느끼게 될 것이다.

매스[97]에 대하여

고등학생 아들이 숨졌다. 동급생 헤이든이 휘 둔 총기로 인해서다. 죽은 이들 중에 에번이 있었다. 범행 직후 헤이든은 스스로 목숨을 끊었다. 누구한테 분노를 뿜어내야 할까. 제대로 숨을 쉴 수도, 잘 수도 없다. 사건이 일어난 지 6년이 흘렀지만, 트라우마는 여전하다. 이대로는 도저히 살 수가 없어서 도움을 청했다. 그렇게 헤이든의 부모를 만났다. 무슨 말이라도 들으면 상처가 조금이라도 사그라질까?

장소는 교회 안. 모임을 주도한 상담사는 방안을 둘러보다가 시선을 멈춘다. 하트 모양의 스테인드글라스에 갈가리 나뉜 무늬가 있다. 딱히 어쩔 도리가 없어 그대로 진행하기로 한다. 동그란 탁자가 있는 네모반듯한 방에 두 부부가 들어왔다. 헤이든 모친이 가져온 소박한 꽃이 한쪽으로 치워진다. 살아 있는 달팽이를 넣는 것이 마음에 걸려 병에 달팽이 형상을 오

97 매스(MASS): 2021년 제작해서 2022년 개봉한 프란 크랜즈 감독의 미국 영화.

려 붙이고 다녔다는 헤이든의 어린 시절 얘기를 꺼낸다. 중학교 때 수학교사를 사랑했는데 교사가 전근 간 이후 우울증에 걸렸다는 얘기도 한다. 늘 외톨이였고, 동료들로부터 괴롭힘을 받다가 컴퓨터 게임에 빠졌다고 했다. 게임을 하며 웃기도 해서 부모는 안심했다고 한다. 게임은 창의성을 가져주는 것이고, 인터넷 안에서 친구를 만난다고 생각했다는 거였다. 급기야 사제 폭탄을 만들고, 동급생 부친의 총을 훔쳐서 끔찍한 사건을 저지르고 말았다. 헤이든의 모친은 이렇게 말한다. "누가 뭐래도 우리 사랑은 진짜였어요." 무차별한 동급생 사살을 다룬 2011년 영화 '케빈에 대하여'는 가해자 엄마로 살아가는 것이 얼마나 처참한지 잘 보여주고 있다. 그에 못지않은 비난을 경험했을 헤이든의 모친은 이렇게 말한다. "나도 답을 찾고 싶어요. 내가 사랑으로 키운 애가 그런 짓을 했으니까요. 답이 없을지도 몰라요." 답이 없는 곳에서 답이 나온다. 최고의 풋볼 선수는 온몸을 더럽히는 것이라 믿었던 12살의 에번을 떠올리는 모친. 진흙투성이가 된 채 눈빛을 빛내던 에번을 기억하며, 모친은 속마음을 꺼낸다. 두 사람을 용서하면 애를 진짜 잃을 것 같았다고. "이건 에번 문제가 아니야. 바뀌지 않는 과거에 집착하는 게 너무 고통스러워. 더는 과거에 휘둘리고 싶지 않아. 계속 이러면 다시는 에번을 못 볼 것 같아. 난 그 애를 꼭 봐야 해. 우린 다시 만날 거야. 내가 용서하고 다시 사랑하게 되면 그 애를 안을 수 있어. 그러니까 할 거야. 용서할게요."

방에는 미켈란젤로의 벽화 '천지 장조'에 나오는 몇몇 인물이 걸려있다. 델포이의 시빌라가 가장 정면에 있다. 해와 달을 창조하는 하느님도 존재한다. 에번의 모친은 방을 나오기 직전, 한 그림을 지그시 바라본다. 터널을 벗어난 존재들이 광채 가득한 하늘로 올라가고 있다. 영화의 마지막에서는 성가대의 찬송 소리가 들려온다. 에번의 부친은 벅찬 표정으로 그 노래를 마주한다. 간간이 등장하는 철조망의 붉은 깃발은 하나의 표식이다. 고통의 순간이 바로 성장의 순간이라고 말하는 듯하다. 영화 '매스(MASS)'는 도무지 해결할 수 없는 삶의 비극에 대해 궁극적으로 어떻게 해야 할지를 알려준다. 메시지는 강렬하고 영적이다.

<u>마음의 빛 59</u> 매스(mass)

매스에는 크게 두 가지의 뜻이 있다. 하나는 '부피를 가진 하나의 덩어리라는 뜻이다. 미술 용어로는 양감이라는 말로도 쓰인다. 영어식 표현에서는 형용사로 대량, 대규모, 대중적인이라는 말로도 쓴다. 다른 하나는 '미사'라는 뜻인데, 특히 로마 가톨릭교에서 미사를 지칭한다. 영화 속에서 매스는 내면의 옹어리진 마음을 온전히 내맡기고 은총을 입는다는 내용으로 절묘하게도 두 가지 의미가 함께 들어있는 듯하다.

성공이란

당신의 인생은 성공적이신가. 이 질문에 자못 당황하거나 억울한 마음이 든다면, 송구하다. 성공적이지 못하다는 사실이 드러나는 순간이다. '성공'이 무엇이냐고 물어보면 고개를 갸웃거리면서 이렇게 답할 수 있을 것이다. 원하는 것을 이루는 것 아니냐고. 원하는 것이 무엇이냐는 말에는 잠시 주저하다가 올해의 목표, 이번 달의 목표, 혹은 버킷리스트를 읊을 것이다. 그것을 다 이루면 성공이냐, 혹시 이루지 못하면 실패한 것이냐고 물어보면 당황할는지도 모르겠다. 그런 것 같기도 하고 아닌 것도 같을 것이다.

누구나 성공을 꿈꾼다. 실패하려고 살지는 않는다. 그렇지만 살다 보면 무수한 실패의 순간이 있다. 하는 일마다 단 한 번에 모조리 이뤄지는 경우는 거의 없다. '성공학'이라는 말이 있을 정도로 누구나 성공을 갈망한다. 원래 학문이 아님에도 불구하고 '학'을 붙일 정도로 성공에 대한 열망이 높다. 눈에 보이는 것 위주로 성공을 정할 때 허망하기 그지없다. 돈, 권력, 부귀영화가 그렇다. 그 모든 것을 가지면 행복할 것 같지만 그렇지 않다. '감응력'을 쓴 페니 피어스[98]의 말에 따르면 보이는 것에 대한 추구는 두려움과 탐욕 같은 부정적 감정을 일으킨다. 성공에 대한 새로운 정의가 필요하다. 이상한 나라에 간 앨리스가 길을 물었을 때 체셔 고양이는 어디로 가기를 원하냐고 묻는다. 그걸 모르겠다고 앨리스가 말하자 어디로 가는지 모르면 아무 데도 갈 수가 없다고 체셔 고양이는 답한다. 도대체 어디로 가야 할 것인가?

그랜트 연구[99]는 1939년에 시작한 장기 프로젝트다. 하버드

---

98 페니 피어스(Penny Peirce): 1949년 미국 뉴저지 오듀본 출생. 상식적인 방법으로 인간의 능력을 확장시켜 고차원적 지각과 영성을 개발하도록 돕는 투시력, 직관력 전문가다. 1977년부터 기업인, 정부 지도자, 과학자, 심리학자, 영적인 길을 걷는 많은 사람들을 훈련시키고 상담해왔다.

99 그랜트 연구: 이 연구의 원래 이름은 '하버드 대학교 종단 연구'였지만 이듬해 '하버드 대학교 그랜트 사회적응연구'로 이름을 바꾼 뒤, 1947년에 현재 공식적으로 인정되는 이름인 '하버드 대학교 성인발달연구(Harvard Study of Adult Development)'로 불리게 되었다. 그러나 연구에 참여했던 연구자들과 연구 대상자들, 그리고 초기의 저술들에는 그랜트 연구로 알려져 있다. 그랜트 연구는 1938년 당시의 의학계가 병리학에 대해 갖고 있던 선입견을 뛰어넘어, 최적의 건강 상태와 이를 결정하는 잠재적 요인이 무엇인지, 그리고 이러한 건강과 건강한 삶을 결정하는 잠재 요인을 향상시키는 조건이 무엇인지를 알아내려는 목적으로 시작되었다. 최초의 대상자들은 1939년, 1940년, 1941년에 하버드 대학을 졸업한 64명의 엄선된 2학년 남학생들이었으며, 이들은 집중적인 검사와 면담을 받았다. 뒤이어 1942년, 1943년, 1944년 졸업생들도 실험에 참가했고, 최종적으로 268명의 대상자 집단인 코호트(cohort; 이러한 종류의 연구에 참가한 대상자들의 집단을 코호트라고 부른다)가 구성되었다. 연구는 건강하고 사회적 혜택과 재능을 갖고 태어난 남자들을 15년에서 20년간 후속 조사하며 그때마다 알아낸 정보를 지속적으로 보충해나가려고 했다. 이 과정을 통해 대상자들과 그들의 삶에 대한 많은 정보를 축적한 뒤, 시간이 지나면서 필요에 따라 정보를 다른 각도에서 분석하고 결과를 발표했다.

대 2학년 268명을 남학생을 대상으로 진행하였다. 선발된 학생들은 탁월한 배경과 능력을 지니고 있었다. 이들을 종단 연구한 결과는 이러했다. 연구 대상자의 약 삼십 퍼센트는 성공적인 삶이었고, 삼십 퍼센트는 실패의 삶이었다. 성공적인 삶이라고 하는 이유는 고통스러운 문제를 당하지 않아서가 아니었다. 위기에 처했을 때 기회로 전환하는 특별한 능력을 발휘했기 때문이었다. 연구를 진행한 조지 베일런트[100]는 이를 '자아의 연금술'이라고 했다. 문제 상황에서 자신을 돌보기 위해 사용하는 심리학적 대처방법을 일컫는다. 구체적으로는 이타적 행동과 승화, 유머와 억제가 있다. 그러니 '성공은 역경의 극복'이라고 할 수 있다. 이런 시각에서 보면, 고난을 겪고 있는 이는 잠재적으로 성공자들이다. 역경을 겪는 이들은 성공을 배태하고 있다. 아무리 힘들더라도 살아있다면 희망이 있다.

역경의 극복이 성공이라면, 행복은 극복을 이루는 순간에 찾아온다. 영국의 소설가인 로버트 루이스 스티븐슨[101]에 의하면, 그럴 때 우리는 상승하는 구조 속에 끝없이 이끌리게 된다.

---

100 조지 베일런트((George Eman Vaillant): 1934년 미국 뉴욕 출생. 정신의학자. 2003년까지 30년간 하버드대학교건강센터에서 성인발달 연구소장으로 지냈다. 724명의 남자와 여자를 60년 이상의 연구대상으로 관찰하였다. 세계에서 가장 오래 진행된 성인발달 연구를 맡아왔다.
101 로버트 루이스 스티븐슨(Robert Louis Stevenson): 1850년 영국 에든버러 출생. 1894년 사모아 아피아에서 사망. 영국의 소설가. 《보물섬》(1883), 《지킬 박사와 하이드》(1886)의 작가다.

그런 경험은 결국 독일 사상가 에크하르트[102]가 말했던 '내가 신을 보는 그 눈으로 신은 나를 바라보신다'는 경지에 이를 수 있다. 신이 고난을 주는 이유는 자명하다. 축복을 위해서다. 그 축복은 오로지 '영혼의 성장'에 있다. 김종삼[103]의 시 '어부'에 나오는 말처럼 살아온 기적이 살아갈 기적이 된다. 그렇게 사노라면 행복과 기쁨을 온전히 누릴 수 있다.

<u>마음의 빛 60</u> **시 '어부'**

바닷가에 매어둔 / 작은 고깃배 / 날마다 출렁거린다 / 풍랑에 뒤집힐 때도 있다 / 화사한 날을 기다리고 있다 / 머얼리 노를 저어 나가서 / 헤밍웨이의 바다와 노인이 되어서 / 중얼거리려고 // 살아온 기적이 살아갈 기적이 된다고 사노라면 / 많은 기쁨이 있다고

102 에크하르트(요하네스 에크하르트, Johannes Eckhart, Eckhart von Hochheim): 1260년경 독일 튀링겐에 있는 고타 지방의 지방 자치 단체인 호흐하임에서 출생. 1327년경 사망. 독일의 로마 가톨릭 신비사상가. 침묵 가운데 신의 임재를 기다리고 경험하는 관상(觀想)으로부터 출발하여 정적과 무의 경지를 추앙하였으며 하느님과의 합일(合一)에 천착했다.
103 김종삼(金宗三): 1921년 황해도 은율 출생. 1984년 사망. 한국 시인. 대표적인 모더니즘 시인. 해방 이후 『시인학교』, 『북치는 소년』, 『누군가 나에게 물었다』 등을 저술했다. 현대시 동인으로 활약했으며 1971년 시 〈민간인〉으로 현대시학 작품상, 1978년 제10회 한국시인협회상, 1983년 대한민국문학상 우수상 등 수상하였다.

마음의 문

마음이 어떠하신지? 마음의 안부를 묻고 싶다. 하루에도 오만 번씩 바람에 휘날리는 깃발처럼 펄럭이는 마음. 깃대가 튼튼하면 흔들려도 끄떡없다. 문제는 뽑혀서 함부로 내동댕이쳐지는 것이다. 더 큰 문제는 뽑힐 것 같은 위기가 까닭 없이 드는 것이다. 그 두려움에 부대낄 때 갈피를 잡지 못하고 만다.

'내 마음속에는 / 닫힌 문짝을 열고자 하는 손과 / 열린 문짝을 닫고자 하는 손이 / 함께 살았다 // 닫히면서 열리고 / 열리면서 닫히는 문살을 / 힘껏 잡고 있으려니 // 눈물겨워라 눈물겨워라' 안수환[104]의 시 '문'의 전문이다. 얼마나 억지를 부리고 있는가. 한순간이라도 편할 때가 없다. 닫히려면 열려고 하고, 열리면 닫으려고 하니 어떠한 순간이라도 믿지 못한다. 가만

---

104 안수환(安洙環): 1942년 충남 세종시 (당시엔 연기군) 전의면 느내에서 출생. 한국 시인. 1963년 연세대학교 학보 『연세춘추』에 처음으로 시를 발표했다. 1976년 『문학과 지성』에 평론가 김현 선생의 추천으로 시'식물채집植物採集'외 3편을 발표하면서 등단했고, 천안연암대학교 교수를 역임했다.

히 있는 꼴을 보지 못한다. 힘을 줘야만 직성이 풀린다. 용을 써야지만 제대로 하는 듯 보인다. 저절로, 자연스럽게 일어나는 꼴을 못 본다. 닫히면 닫히는 대로 열리면 열리는 대로 두고 보는 법을 배운 적이 없다. 저돌적으로 돌진하고 밀치고 앞장서야 한다고만 여겨왔다. 끊임없이 나부대야지만 제대로 사는 것만 같다. 그러다 보니 잠시도 쉴 수가 없다. 그렇게 억지를 써왔지만, 결과는 오리무중이다. 되는 일도 있지만, 안 되는 일이 더 많다. 이룬 것 같지만, 어느 순간에는 뒤통수를 친다. 살아갈수록 한계가 극명해진다. 더군다나 나이와 건강이 발목을 잡는다. 기껏 쌓아 올린 자존감은 여지없이 허물어진다.

'문'이라는 제목의 또 다른 잘랄루딘 루미의 시를 보자. '광기의 입술에 매달려 살아왔다 / 까닭을 알고 싶어서 문을 두드렸다. 문이 열리자 / 나는 안에서 두드리고 있었다.' 모든 것이 마음에서 불거진다. 열리는 문을 닫으려 한 것도 닫힌 문을 열려고 했던 광기도 죄다 마음의 발로였다. 실은 마음의 문을 애초에 내가 닫았기 때문이다. 그걸 알아차리고 두드리자 문이 열렸다. 그것도 내가 손잡이를 돌릴 때라야 비로소 열린 것이다.

임파선 말기암으로 혼수상태에서 임사체험을 한 아니타 무르자니[105]는 닷새 만에 병세가 호전되어 입원 5주가 되어서는

---

105 아니타 무르자니(Anita Moorjani): 1959년 싱가포르 출생. 작가. 싱가포르에서 태어난

완쾌하여 퇴원했다. 기적의 체험을 한 그녀는 이렇게 말했다. "모든 사람이, 자기의 모든 부분이 장엄합니다. 당신의 모든 면이 완벽합니다. 당신이 배워야 할 것은 단 하나. 이미 당신이, 애써 찾는 '바로 그것'이라는 사실입니다. 당신만의 독특함을 두려움 없이 표현하기만 하면 됩니다." 우리는 최상의 기능을 하거나 대우를 받을 때 완벽하다고 생각한다. 사실은 그저 존재하고 있는 것만으로도 장엄하고 완벽하다. 갖가지 이유로 능력을 상실하고 역할을 못 할 때조차 그러하다. 그 모든 것은 알지 못하는 섭리로 인해 주어진 또 다른 기회다.

그러니 마음의 안부를 묻는다. 그저 살아있다는 것만으로도 충분하다. 찬란한 축복이다. 뽑힐지 모르는 깃대 걱정은 그저 날려버리길. 마음의 문손잡이를 돌리면 하늘의 기운이 쏟아져 들어온다. 펄럭이는 만큼 풍성한 사연들이 깃발을 아름답게 수놓고 있다.

뒤 줄곧 홍콩에서 살았다. 2002년 4월, 임파선암이 발견된 뒤 4년 동안 투병하다가 2006년 2월 2일 몸의 기능이 정지된 채 임사체험을 한다. 30시간 동안의 임사체험을 통해 삶, 존재, 우주에 대한 관점이 근본적으로 바뀐다. 암을 만든 건 바로 두려움과 자기 사랑의 부족이 합쳐진 결과였음을 알게 될 뿐 아니라 삶의 두려움들을 어떻게 뛰어넘을 수 있는지도 알게 된다. 각 인간이 가진 진정한 장엄함에 대해서, 우리가 모두 연결되어 있다는 것에 대해서, 왜 우리가 사랑일 수밖에 없는지, 자기 자신이 되는 것이 무엇이며, 어떻게 그럴 수 있는지 등을 깨닫는다. 그런 경험 후 아니타의 몸은 씻은 듯이 나았고, 임사체험의 경이로움과 그것을 통해 깨닫게 된 통찰을 담아 2012년에 '그리고 모든 것이 변했다(Dying to be me)'를 펴냈다.

내맡김과 자유

내맡김은 자유를 만끽하는 것을 의미한다. 그럴 때 마음은 활개를 펼 수 있다. 독일 작가 에크하르트 톨레(Eckhart Tolle)는 이런 말을 했다. "'지금 여기'를 변화시킬 수 있는 일이 정말 아무것도 없다면, 모든 내부 저항을 떨쳐 버리고 '지금 여기'를 받아들이십시오. 그러면 불행과 원망과 자기연민에 대한 거짓 자아는 더 이상 살아갈 수 없습니다. 이것을 '내맡김'이라고 합니다. '내맡김'에는 위대한 힘이 있습니다. 내맡김을 할 수 있는 사람만이 영적인 힘을 가질 수 있고, 그 상황에서 내면적으로 자유로워집니다. 그리고 나면 상황이 변화될 것입니다. 결국 우리는 자유로워질 것입니다."

새로운 마지막

곳곳에 풍선이 날고 있습니다. 땅에서 쏘아 올리는 불꽃놀이가 경쾌합니다. 알록달록한 색채가 화려한 옷을 입고 등장한 이들이 다소곳하게 앉아 있습니다. 아델의 노래 'Someone Like You'가 흘러나오고 있습니다. "당신이 행복하기만 바랄게요... 걱정도 염려도 마세요. 후회와 실수들이란 게 추억에서 만들어진 것뿐이에요. 누가 알았겠어요? 추억이란 게 이렇게 달콤하고도 씁쓸할지요?" 연이어 'Make You Feel My Love'가 흘러나옵니다. "비바람이 스칠 때나 세상의 짐이 너무 버거울 때, 내가 당신을 따뜻하게 감싸줄게요. 당신이 내가 보내는 사랑을 느낄 수 있도록." 열 명 남짓한 이들이 언덕바지에 옹기종기 앉아서 노래를 듣고 있습니다.

이제 내 목소리를 들려줄 차례입니다.

"안녕? 지금, 약간 울려고 하지? 그러지 마. 난 잘 있어. 아무 염려 마. 내가 잘 쓰던 말 알지? 그야말로 신기해! 여긴 아름다움으로 가득 차 있어. 잘 지내다가 다시 만나. 많이 웃고 기뻐해 줘. 마지막 이 순간까지 함께 해줘서 고마워. 안녕!"

애교와 익살이 가득한 목소리 입니다. 모여있던 이들이 천천히 일어나서 원을 지으며 섭니다. 가운데 놓인 검은 상자를 엽니다. 순식간에 바람에 실려 날아가는 하얀 가루 속에 나는 없습니다. 그곳에 내가 없기에 나는 모든 곳에 존재할 수 있습니다. 당부했는데도 울먹이는 이한테는 약속을 어긴 대가로 살그머니 다가가 그의 어깨를 감싸줄 겁니다.

내가 기획하는 내 장례식입니다. 부디 번거로운 절차가 없기를 바랍니다. 삶도 죽음도 자연스럽다는 것을 알게 되기를 바랍니다. 더없이 따뜻하고 포근한 위로의 순간이기를 바랍니다. 갑자기 이런 말을 꺼내는 것은 왜일까요? 심리적인 위기에 처해서가 아닙니다. 오히려 그 반대입니다. 인간이 만나는 가장 두려운 순간이 '죽음'이라면, 어디 한번 죽음을 정면에서 다뤄보고 싶어졌지요. 죽음에 대한 긍정적인 인식은 삶을 빛나게 하니까요.

미국 시사 주간지 '타임'이 선정한 '20세기 100대 사상가' 중한 명인 의학자 엘리자베스 퀴블러 로스는 "죽음이란 나비가 고치를 벗어던지는 것처럼 단지 육체를 벗어나는 것에 불과하다. 죽음은 계속해서 성숙할 수 있는 더 높은 의식 상태를 향한 변화일 뿐이다."라고 했습니다. 2004년, 그녀의 장례식은 파티 같았다고 합니다. 풍선으로 장식한 하얀 상자를 열었고, 커다란 호랑나비가 날아올랐지요. 그녀는 호스피스 환자들을 인터뷰하면서 죽음을 앞둔 사람들의 심리를 체계적으로 연구한 것으로 유명합니다. 19세 때, 폴란드 마이데넥 유대인 수용소 벽에 그려진 나비들을 목격하고, 삶과 죽음의 의미를 평생에 거쳐 천착하게 된 것이라고 합니다. 그런 그녀는 생의 후반부에는 사후의 생에 대해 연구하기 시작했습니다. 이미 사망했지만, 그녀를 찾아와서 메시지를 들려주는 존재를 만나면서 촉발된 연구였지요. 그녀는 이렇게 말한다. "잘 산다는 것은 근본적으로 사랑하는 법을 배우는 것이다. 사랑이란 삶이자 죽음이다. 아니 그것은 같은 것이다."라고요. 죽은 뒤를 어떻게 완벽하게 아느냐고 따져 묻는다면, 할 말이 없습니다. 그렇지만 충분히 짐작할 수 있습니다. 모호하고 아련한 그 경계선을 살짝 넘어서 다녀온 무수한 이들의 증언이 있으니까요.

우리는 매 순간 죽고, 다시 태어납니다. 마지막은 다시 새로운 시작이라는 진리가 내 손을 이끌고 이 글을 쓰게 했습니다.

한 해의 마지막이 다가올 때쯤 생각해봅니다. 연초에 품었던 계획들은 어디로 갔을까요? 무엇을 하며 한 해를 보냈던가요? 시간은 급물살을 타고 흘렀습니다. 내 삶의 마지막 때는 어떨까요? 내 생애에서 남은 것은 무엇일까요?

지나온 내 삶을 돌이켜볼 때가 되었습니다. 자칫하면 그럴 여유가 없다고 넘어가기 일쑤지만요. 우리의 세계는 거칠고 잔인하면서도 신성한 아름다움이 있습니다. 무의미와 의미는 어떤 것이 더 우세하다고 믿느냐고 하는 개인의 기질에 따라 결정됩니다. 무의미가 지배적이라면, 인생의 의미는 점점 사라지고 말 것입니다. 분석심리학의 창시자 칼 융에 의하면, 십중팔구 양쪽 모두 다 진실입니다. 삶은 의미가 있기도 하고 없기도 합니다. 그렇지만 융은 의미가 우세하며, 이 둘의 전투에서 이기리라는 '애타는 희망'을 가진다고 했습니다.

삶의 의미를 지니는 것은 어렵지 않습니다. 성찰과 통찰을 할 수 있으면 됩니다. 그럴 때 삶이 아름다워질 수도 있습니다. 대개의 갈등은 인간관계로부터 빚어지기 마련입니다. 에너지는 상호교류하기 때문에 긍정적 에너지를 줄 수 있다면, 신뢰와 사랑이 돈독해지겠지요. 행복감과 삶의 질도 높아지게 됩니다. 그런 뜻에서 '더불어 행복해지는 십계명'을 제시해봅니다.

첫째, 이 세상에는 나 혼자 살아나갈 수 없다는 사실을 기억해 봅시다.

둘째, 누군가를 만난 것이 최악이라고 하더라도 결국 순리대로 극복해나갈 것을 믿어봅시다.

셋째, 누군가를 만난 것이 최고라고 하더라도 언젠가는 떠나보내야 한다는 것을 받아들여 봅시다.

넷째, 매일 감사한 것을 한가지씩 꾸준히 떠올려봅시다.

다섯째, 나를 응원해주는 누군가가 있다는 사실을 떠올려봅시다. 그 대상은 이 세상에 살아있거나, 이미 돌아가셨던 분, 혹은 사람이 아닌 어떤 존재 가운데 분명히 있습니다.

여섯째, 누군가에게 도움을 받았던 일과 도움을 주었던 일들이 있을 것입니다. 이제부터는 조금씩 도움을 주는 일을 늘려보시기 바랍니다. 도움은 엄청난 행위를 일컫는 것이 아니라 긍정의 마음을 뜻합니다.

일곱째, 즐거움과 기쁨을 나눌 수 있는 대상을 마련해봅시다.

여덟째, 내가 이 세상에 태어난 것에 대한 필연적인 이유를 세상과 연관 지어 깨닫고, 어떠한 어려움에도 불구하고 그 목적을 향해 나아갑시다.

아홉째, 아무리 최악인 사람에게도 그 사람만의 장점이 있다는 것을 생각하고 찾아봅시다. 혹은 그 사람으로 인해 어떤 것을 깨달을 수 있을지 자신을 살펴봅시다.

열째, 매일매일의 삶은 영혼을 성장하기 위한 절호의 기회이며, 이러한 영혼의 성장은 타인과의 관계로 인해 형성된다는 것을 기억합시다.

이 계명의 효과는 바로 당신의 마음에 달려있습니다. 말도되지 않다고 치부하면, 그럴 것입니다. 피상적인 말이어서 와닿지 않는다고 해도 그럴 것입니다. 반면, 받아들이고 품으면 또 그렇게 될 것입니다. 융의 말대로 '애타는 희망'을 가진 채 감히 당신 앞에 바칩니다.

우리들 마음에 빛이 있다면

초판 1쇄 인쇄 2022년 7월 20일
초판 1쇄 발행 2022년 8월 15일

지은이 · 박정혜

펴낸이 · 최현선
편 집 · 김하연
마케팅 · 김하늘
디자인 · 디자인 Me
제 작 · 영신사

펴낸곳 · 오도스 | 출판등록 · 2019년 7월 5일 (제2019-000015호)
주 소 · 경기도 시흥시 배곧4로 32-28, 206호(그랜드프라자)
전 화 · 070-7818-4108 | 팩스 · 031-624-3108
이메일 · odospub@daum.net

ISBN 979-11-91552-91552-11-9 (03180)

odos 마음을 살리는 책의 길, 오도스